아우렐리우스 명상록

마음의 철학

아우렐리우스 명상록

마음의 철학

마르쿠스 아우렐리우스 지음
강분석 옮김

사람과책

아우렐리우스 명상록

마음의 철학

지은이 / 마르쿠스 아우렐리우스
옮긴이 / 강분석

1판 1쇄 펴낸날 / 2001년 4월 20일
1판 4쇄 펴낸날 / 2013년 8월 22일

펴낸이 / 이보환
펴낸곳 / 도서출판 사람과책
등록일자 / 1994년 4월 20일
등록번호 / 제16-878호

주소 / 우편번호 135-080 서울시 강남구 역삼동 605-10 세계빌딩 5층
전화 / (02)556-1612~4
팩스 / (02)556-6842
홈페이지 / www.MANnBOOK.com
이메일 / man4book@gmail.com

※ 잘못 만들어진 책은 바꾸어 드립니다.
※ 값은 뒤표지에 표시되어 있습니다.

ISBN 89-8117-058-4 03160

책머리에

여름내 초록빛으로 풍성하던 논이 막 가을걷이를 끝내 아직 수확의 여운이 남아 있을 즈음 이 책을 받았습니다. 이제 그늘에만 눈이 더러 남아 있는 들판은 조금은 황량한 느낌입니다. 듬성듬성 놓여 있던 볏단도 더러는 소의 먹이로, 더러는 거름이 되기 위해 다시 흙으로 돌아가는 중이어서 더욱 그렇습니다.

책장을 덮고 텅 빈 들판을 바라보며 우리의 삶도 그것과 다르지 않다는 생각을 했습니다. 저 들판의, 지금은 사라진 벼는 우리가 그토록 뻐기는 삶을 1년을 주기로 반복하고 있습니다. 언제 시작되었는지도 모르며 언제 끝날지도 모릅니다. 씨앗으로 뿌려져, 싹이 돋고, 잎이 자라고, 이삭이 패고, 열매를 맺고, 다시 자기 몸을 송두리째 내어주어 거름이 되어 다시 흙으로 돌아가는 순환이지요. 씨앗은 싹이 날 것을 걱정하지 않고, 잎은 이삭이 팰 것을 염려하지 않고, 벼는 제 몸이 베어져 나가는 것을 아파하지 않고, 아니, 오히려 기쁘게 제 몸을 내어주고 다시 흙으로 돌아갑니다.

존재로만 말한다면 논에서 자란 벼나, 그것을 바라보는 저나 하나도 다름이 없을 것입니다. 벼도 저도 자신을 세상에 내신 자연의 섭리에 따라 이 세상에 난 목적을 실천하면 되겠지요. 벼는 심겨진 그 자리에서 흙의 기운과 물과 햇살로 자라나 익으면 되는 것이고, 저는 제게 주어진 역할을 기꺼이 받아들이고 최선을 다해 살아가면 되는 것입니다. 그것은 나를 있게 하신 자연의 섭리가 선이라는 것을 전폭적으로 믿는 것이지요. 그러므로, 내게 주어진 환경에 대해 절망하거나 거부하지 않고 그것을 기꺼이 받아들여 흔쾌히 사는 것이 자연을 따르는 길이 될 것입니다.

1800여 년 전 로마의 황제 마르쿠스 아우렐리우스가 쓴 이 책은 스토아 학파의 철학서라고 알려져 있습니다. 그러나 마치 일기를 쓰듯 자신을 향한 내면의 소리를 기록한 이 글은 로고스니, 유물론이니, 범신론이니 하는 것을 굳이 따지지 않고 읽어도 좋을 것이라고 저는 생각합니다. 어느 페이지를 불쑥 열더라도 삶과 죽음, 그리고 우주라는 근본적인 문제를 껴안고 고뇌하고 사색하는 생활인을 만날 수 있으니까요.

우주와 인간에 대한 황제의 철저한 관조를 따라가노라면

이 세상에 쓸모 없는 존재는 하나도 없다는 깨달음에 이르고, 이 같은 존재를 내신 자연의 섭리를 믿는다면 과거나 미래에 집착하지 말고 오로지 현재에 충실해야 한다는 것에 고개를 끄덕이게 됩니다. 죽음 또한 삶의 한 과정으로 자연스럽게 받아들여야 한다는 마음도 날 것이며, 나와 같은 운명을 가지고 이 세상에 태어난 다른 사람들에 대한 연민과 사랑 또한 생겨날 것입니다.

스토아 학파의 창시자인 제논(BC 336~264)은 인생의 목적은 행복에 있고 행복은 자연에 따라 생활하는 것이라고 했습니다. 자연은 계획적으로 세계를 창조하는 로고스적 실재로서, 우주는 이것에 의해 가장 선하게 아름답게 형성되고 지배됩니다. 인간 또한 우주의 로고스를 분유하고 있으므로 그것에 따른다는 것은 자연의 본성에 따르는 것이 되며, 자기의 로고스에 따른다는 것은 도덕적인 삶을 산다는 것입니다.* 이 책에서 마르쿠스 아우렐리우스는 자연을 신, 섭리, 운명, 필연성, 법, 지배적 능력, 지배적 이성 등 여러 이름으로 바꾸어 부르고 있습니다.

스토아 철학에서는 지혜를 통해 행복을 구합니다. 지혜는 '신과 인간의 일에 대한 지식' 으로서 인간 생활에서의 모든 것을 올바르게 처리하기 위한 실천적 지식을 뜻합니다.**
예를 들면, 자연이 인간에게 정해준 운명을 직시하는 것입
니다. 이 세상에는 인간의 뜻대로 할 수 있는 일이 있고, 인
간의 뜻대로 할 수 없는 일이 있다는 것을 인식하는 것입니
다. 외적인 모든 것을 이미 결정된 숙명적 필연으로 받아들
이는 것입니다. 죽음은 피할 수 없는 것이나 죽음에 대한
두려움은 피할 수 있습니다. 죽음에 대한 우리의 관념을 바
꾸면 됩니다. 즉, 죽음을 두려워할 대상이 아니라 자연의 필
연적 과정으로 기꺼이 받아들이는 것이지요.

제논은 소크라테스가 몸소 보여주었던 철인의 삶에 크게
감동을 받아 스토아 철학을 일으켰다고 합니다. 키프로스
출신의 제논이 아테네의 스토아 포이킬레(채색 주랑, 彩色 柱
廊)에서 강의를 했으므로 그 같은 이름이 붙여졌지요. 제논
의 철학은 로마 시대로 넘어가 네로 황제의 스승이었던 재
상 세네카, 노예였던 에픽테토스, 그리고 황제 마르쿠스 아
우렐리우스에게서 꽃을 피우게 되었습니다.

이 책을 쓴 마르쿠스 아우렐리우스(AD121~180)는 안토니
누스 피우스 황제의 양자로서 황제가 되었습니다. 스토아
철학에 심취했던 황제는 그러나 연속되는 지진, 유행병, 전

쟁 등, 통치자로서는 길고 어려운 나날을 보내야 했습니다. 이 책은 전쟁터의 막사에서 쓰여졌다 합니다. 상대를 물리쳐야 살아남을 수 있는, 삶과 죽음의 기로에 서서 황제는 철저하게 내면으로 파고들어 자연의 섭리에 따르는 삶을 찾았던 것입니다.

이 책을 번역하면서 많이 고민하고 또 많은 것을 배웠습니다. 그렇지만 철학이라는 것이 삶과 괴리된 것이 아니라는 것 또한 알았습니다. 삶과 죽음을 어떻게 보며, 어떻게 살아야 하느냐는 물음에 대한 답을 찾는 것이 바로 철학이니까요. 텍스트로 영어 번역서 네 권을 사용했습니다. 있을 수 있는 일이지만, 네 권의 내용이 서로 다른 부분이 있었으며, 그런 부분은 황제의 생각을 가장 잘 나타냈다고 믿어지는 것을 선택했습니다.

역자인 제겐 이 책이 철학서라기보다는 진지하게 사색하고 성실하게 살아가는 행동인의 일기로 느껴집니다. 중요하다고 생각되는 것은 몇 번이고 반복한 것도 그러하며, 자신에게 많은 영향을 주었던 선인들의 글을 인용한 것도 그러합니다. 실제로 마르쿠스 아우렐리우스는 이 글에 '나에게 던지는 문제들' 이라는 제목을 붙였다고 합니다. 이 책에서는 여러 번 반복되는 내용을 더러 뺐습니다. 이 글을 번역하면서 제가 만났던 한 성실한 인간을 여러분께서도 만나실 수 있기를 기대합니다.

이 같은 고전을 제게 맡겨준 '사람과 책'에 감사드립니다. 또 철따라 피고 지는 자연을 보며 살 수 있게 해준 남편에게도 고마움을 전합니다. 지난 3년 동안의 시골 생활을 통해 자연에 따라 사는 존재와 삶에 대해 많은 것을 느꼈으며, 그 경험이 이번 작업에 많은 도움을 주었습니다. 언제나처럼 많은 도움과 힘을 준 사랑하는 길벗 진영에게도 고마움을 전합니다.

마르쿠스 아우렐리우스가 지극히 존경했다는 노예 출신의 철인 에픽테토스가 남긴 『어록』(Discourses)의 한 구절을 인용하는 것으로 이 글을 마칩니다.

무엇이 내 것이고 무엇이 내 것이 아닌가?
무엇이 내게 허락되고 무엇이 허락되지 않았는가?
나는 언젠가는 죽어야 하리라.
꼭 그래야 한다면, 한탄하며 죽을 일은 아니지 않은가?
묶여야만 할 몸이라면,

울부짖으며 끌려갈 이유는 없지 않은가?

쫓겨가야만 할 운명이라면,

평온하게 웃음 띤 얼굴로 기꺼이 떠나는 것을 누가 막을

것인가?

죽어야 할 운명.

당장 죽어야 한다면 지금 죽으리라.

조금 후에 죽어야 한다면 지금은 식사를 하리라.

마침 점심 시간이 되었으니.

그리고 정해진 시간에 죽으리라.

어떻게?

남의 것이었던 것을 주인에게 되돌려주는 사람답게.

2001년 3월, 앙성 아랫밤골에서

강분석

* 철학대사전, 학원사

** 한국세계대백과사전, 동서문화

근심과 괴로움을 이기려거든
이 책을 펼쳐서 읽고 또 읽어라.
한 장 한 장을 넘기노라면
과거와 현재, 그리고 다가올 미래가
아주 새롭게 보일 것이다.
그리고 모든 기쁨과 슬픔이 연기처럼
공허하고 덧없이 느껴질 것이다.

『안톨로기아 팔라티나(Anthologia Palatina)』

1장

1

할아버지 베루스에게서 나는 온화한 성품과 성미를 다스리는 법을 배웠다.

2

아버지에 대한 평판과 기억으로부터는 겸양과 강인한 기질을 배웠다.

3

어머니로부터는 신앙심과 자비를, 또한 나쁜 행동과 나쁜 생각을 절제하는 법을 배웠다. 그리고 거기에 더해, 부자들의 생활 습관을 멀리하고 소박하게 살아가는 법을 배웠다.

4

증조부에게서는 학교에 다니는 것보다 훌륭한 선생님을 모시고 집에서 배우는 편이 낫다는 것을, 그리고 그런 일에는 돈을 아끼지 말아야 한다는 것을 배웠다.

5

스승에게서는 원형 경기장에서 경기를 지켜보며 어느 한쪽에 대해 일방적으로 편을 들어서는 안 된다는 것을 배웠다. 또한 고생을 참고, 욕망을 줄이고, 내 일은 내가 해야 하며, 남의 일에 참견하지 말고, 비방에 귀를 기울이지 말아야 한다는 것을 배웠다.

6

철학자이자 나의 미술 선생님인 디오그네투스로부터는 쓸데없는 일에 신경을 써서는 안 된다는 것과, 마법사나 협잡꾼들이 지껄이는 주문이나 액막이 따위를 믿어서는 안 된다는 것을 배웠다. 그리고 싸움을 시키기 위해 메추리를 기르거나 그와 비슷한 도락에 빠져들어서는 안 되며, 남이 바른말을 할 때면 귀를 기울여야 한다는 것을 배웠다.

나는 또한 그에게서 철학을 가까이 하는 것과, 배움에 있어서도 순서를 따라 가르침을 받아야 한다는 것을 배웠다. 그리고 젊은 시절에 대화편(對話篇) 형식의 글을 써야 하고, 판자 침대와 담요 한 장에 만족하는 것, 또 그와 비슷한 그리스인들의 단련법을 배웠다.

나에게 법률을 가르쳤으며 친구이기도 한 루스티쿠스로부터는 성격 개선과 인격 도야가 필요하다는 것을 배웠다. 그리고 그로부터 소피스트들의 논쟁이나 공리공론의 글쓰기, 비도덕적 연설 등을 삼가야 한다는 것을 배웠다. 또한 수양을 많이 한 사람으로 스스로를 과시해서도, 남에게 보이기 위해 선행을 해서도 안 된다는 것을 배웠다.

수사학, 시, 재치 있는 글에 현혹되어서는 안 되며, 정장 차림으로 집안을 돌아다니거나 그와 비슷한 짓을 해서는 안 된다는 것, 편지는 꾸밈없이 솔직하고 단순하게 써야 한다는 것도 배웠다.

그리고 말로든 행동으로든 나의 기분을 상하게 한 사람들이 먼저 화해를 해오면 그것을 받아들여 마음을 가라앉힐 수 있어야 한다는 것을 배웠다. 또한 책을 읽을 때에는 대충 훑어보는 것으로 만족하지 말고 꼼꼼히 읽어야 하며, 과도하게 말이 많은 사람에게 쉽게 동조해서는 안 된다는 것을 배웠다.

내가 에픽테토스를 만나게 된 것은 순전히 루스티쿠스 덕분이다. 그는 자기가 가지고 있던 에픽테토스의 『어록』

을 내게 가져다 주었다.

8

철학 스승인 아폴로니우스로부터는 자유의지와, 목표를 이루려면 확고한 결단성이 있어야 한다는 것과, 결코 한 순간도 이성 이외의 것에 의지해서는 안 된다는 것을 배웠다.

자식을 잃었거나 뼈저린 고통을 당하거나 오랜 병을 앓고 있는 경우에도 한결같은 평정을 유지해야 한다는 것을 배웠다. 또한 그를 통해 인간은 경우에 따라 가장 단호한 사람이 될 수도, 혹은 더할 수 없이 온건한 사람이 될 수도 있다는 것을 배웠다.

그의 가르침은 언제나 명쾌했다. 자신의 경험과 철학의 원리를 참으로 잘 가르쳤는데 그는 자신의 그런 능력을 대단치 않게 치부했다. 스스로 비굴하지도 않고 상대방을 무시하지도 않으면서 친구의 호의를 받아들이는 법을 가르쳐 준 것도 그였다.

9

내게 철학을 가르치셨던 섹스투스에게서는 친절함을 배웠으며, 한 가정을 다스리는 아버지의 태도가 어떤 것인지를 알게 되었다. 또한 자연에 순응하여 사는 법과, 편애에 흐르지 않고, 친구들의 관심을 조심스럽게 살피며, 무지한 사람들이나 아무 생각 없이 의견을 내세우는 사람들에 대해서도 관대해야 한다는 것을 배웠다.

그는 어떤 친구이든 기분 좋게 만드는 능력이 있어 그와 함께 있는 것만으로도 그 어떤 아첨을 듣는 것보다 즐거웠다. 동시에 그는 그와 사귀는 사람들로부터 깊은 존경을 받았다. 또한 인생에 필요한 원칙을 종합적이면서 체계적인 방식으로 찾아내고 정리하는 재능을 갖고 있었다. 또한 그는 분노나 그 밖의 격정을 결코 밖으로 드러낸 적이 없으며, 정염에 흔들리는 일이 없었고 누구보다도 애정이 많았다. 그리고 그는 칭찬을 할 때에도 결코 지나치지 않았으며, 심오한 학식을 가지고 있었으나 허세를 부리지 않았다.

10

문법학자 알렉산드로스에게서는 남의 흠을 잡는 일을 삼가야 한다는 것과, 야비하거나 문법에 맞지 않거나 이상하게 들리는 표현을 하는 사람이 있더라도 이를 날카롭게 지적하여 고쳐주는 것을 삼가야 한다는 것을 배웠다. 대신, 질문에 대답하거나 그들의 의견에 동의를 표하면서 문제를 함께 이야기하는 방식으로, 때에 따라 적절한 암시로써 올바른 표현을 재치 있게 제시해야 한다는 것을 배웠다.

11

존경하는 나의 스승 프론토에게서는 폭군의 마음속에 도사리고 있는 시기심과 표리부동함, 위선이 어떤 것인지를 배웠다. 그리고 흔히 우리들 사이에서 귀족이라고 불리는 자들에게 오히려 인간애가 부족하다는 것을 배웠다.

12

나의 비서이자 플라톤학파의 철학자인 알렉산드로스에게서는 바쁘다는 말을 필요 이상으로 자주 하거나 편지에 쓰는 것을 삼가야 한다는 것을 배웠다. 또한 긴급한 용무를 핑계 삼아 더불어 살고 있는 사람들에게 베풀어야 할 의무를 소홀히 해서는 안 된다는 것을 배웠다.

13

철학을 가르치셨던 스승 카툴루스에게서는 친구가 비난을 할 때 설령 그 비난이 정당하지 못하다 하더라도 무관심한 태도를 보여서는 안 되며, 친구가 본래의 품성을 찾을 수 있도록 도와야 한다는 것을 배웠다. 그리고 스승에게는 충심으로 존경하는 마음을 가져야 하며, 자녀는 진심으로 사랑해야 한다는 것을 배웠다.

14

내게 형제와도 같은 세베루스에게서는 가족을 사랑하고, 진리를 사랑하며, 정의를 사랑하는 것을 배웠으며, 그를 통해 카토와 브루투스를 비롯한 여러 훌륭한 사람들을 알게 되었다. 그리고 그에게서 만인에게 평등한 법률이 있는 체제, 평등한 권리와 동등한 언론의 자유로써 다스려지는 민주적인 정치체제와 시민의 모든 자유를 가장 존중하는 공화국에 대한 관념을 물려받았다.

또한 나는 그에게서 철학에 대한 일관되고 확고한 존경심과, 착한 일을 하고 남에게 아낌없이 베푸는 마음과 친구들의 사랑을 믿는 마음을 배웠다. 그리고 남을 꾸짖을 때는 나의 의견을 숨기지 않아야 하며, 친구들에 대해서는 내가 무엇을 원하고 무엇을 원하지 않는가를 분명히 밝혀 그들이 쓸데없이 오해하지 않도록 해야 한다는 것을 배웠다.

15

존경하는 철학자 막시무스에게서는 자제심과 함께 어떠한 일에든 마음이 흔들려서는 안 된다는 것을 배웠다. 어떤 상황에서건, 심지어는 앓고 있을 때에도 쾌활한 마음을 잃지 않아야 한다는 것도 배웠다. 또한 온화하면서도 위엄이 있어야 하며, 자신에게 닥친 일은 무엇이든지 불평 없이 해야 한다는 것을 배웠다.

그는 자신이 믿는 대로 말하며 옳다고 판단한 대로 실천했으며, 또한 모든 사람이 그것을 확신했다. 그는 결코 놀라거나 서두르는 일이 없었으며, 일을 미루거나, 당황하거나 낙담하지 않았다. 또한 고민을 감추기 위해 거짓 웃음을 지어 보이거나, 격정에 사로잡히거나 의심하는 일도 없었다.

그는 항상 자선을 베푸는 일에 익숙했으며, 쉽게 용서했고, 거짓이라곤 몰랐다. 그의 올바른 태도는 배움과 훈련에 의한 것이라기보다는 천성적인 것이라는 인상을 주었다. 누구든 그의 앞에서 주눅이 들지도 않았거니와 감히 그의 탁월함을 의심하는 사람도 없었다. 그는 또한 기분 좋은 유머를 구사할 줄 알았다.

16

양부이신 안토니누스 피우스 황제에게서는 온화한 기질과 아울러 깊은 생각 끝에 결정한 일에 대해서는 흔들리지 않아야 한다는 것을 배웠다.

그는 사람들이 영광스런 일이라고 부르는 것들에 대해 허영심을 품지 않았으며, 노동을 사랑했고, 끈기가 있었으며, 공공의 이익을 위해 뭔가를 제안하는 사람들에게 귀를 기울였다. 그는 공적에 따라 사람을 대우했고 고삐를 당기거나 느슨하게 해야 할 때가 언제인지를 정확하게 감지했다. 그에게서 나는 소년시절의 열정을 억제해야 한다는 것을 배웠다.

그는 또한 주변 사람들을 배려하고 객관적인 태도를 잃지 않았다. 친구들에게 식사를 같이 하자고 강요하지 않았으며, 여행을 떠날 때 자신을 수행하라고 요구하지도 않았다. 급한 사정이 생겨서 그와 동행하지 못한 사람에게도 변함없이 대했다.

나는 그가 의제에 오른 모든 문제에 대해 신중하고 철저하게 검토했으며 언뜻 떠오른 생각에 만족하여 중간에 조사를 멈추는 일이 결코 없다는 것을 알았다.

친구를 소중히 여기는 성격으로, 친구들에게 싫증을 내지도, 지나치게 열중하지도 않았다. 또한 모든 일을 기꺼이 받아들여 늘 쾌활했다. 앞을 길게 내다보는 눈이 있어 사소한 일에 이르기까지 대비했다.

갈채나 아첨은 그 즉시 가려낼 줄 알았고, 국가의 통치에 필요한 일에 대해서는 세심하게 배려하여 재정을 잘 관리하고 이 때문에 비난을 받더라도 끈기 있게 견디었다.

신들을 공경함에도 그는 미신적인 태도를 취하지 않았고, 선물을 주거나 비위를 맞춤으로써 사람들의 환심을 사지도 않았으며, 대중에게 아첨하지도 않았다. 반면 그는 무슨 일에 대해서든 침착하고 확고했으며, 야비한 생각이나 행동을 하지 않았고, 쉽게 호기심에 이끌리지도 않았다. 그는 쾌적한 생활을 가져오는 모든 것을 부족함 없이 쓸 수 있는 운명을 타고났지만 그것에 대해 자랑스러워하지도 미안해하지도 않았다. 그리하여 그는 그것들이 있으면 자연스럽게 사용했고, 없을 때에도 갈망하지 않았다.

누구도 그를 소피스트, 세상 물정을 모르는 경망스럽고 줏대 없는 사람, 또는 현학자라고 부르지 못했다. 모든 사람이 그를 노련하고 완숙하며, 아첨에 개의치 않고, 자기 자신의 일뿐만 아니라 남의 일도 능히 처리할 줄 아는 사람으로 인정했다.

또한 그는 진정한 철학자들을 존경했으며, 철학자인 척하는 사람들을 비난하지는 않았지만 그렇다고 그들의 말에 쉽게 넘어가지도 않았다. 또한 그는 대화에 능했고 언제나 쾌활했으며 거드름을 피우지도 않았다.

그는 자신의 건강을 적절하게 돌보았는데, 생명이나 외모에 집착해서 그런 것은 아니었지만 그렇다고 그것을 전혀 무시하지도 않았다. 그렇게 스스로 건강에 유의함으로써 의사의 치료나 약이 별로 필요하지 않았다.

그는 웅변 등 특별한 재능이 있거나 법률이나 도덕 등에 훌륭한 지식을 갖고 있는 사람들을 시기하지 않고 받아들이고, 각자의 재능에 합당한 명성을 얻도록 도와주었다. 그리고 언제나 국가의 제도에 부합되게 행동을 하면서도 그러한 태도를 과시하지 않았다. 더 나아가 그는 변화나 불안정한 상태를 좋아하지 않았고, 같은 장소에 머무르면서 같은 일에 종사하는 것을 좋아했다.

두통의 발작이 있은 후에도 그는 곧 기력을 회복하여 일상적인 직무를 수행했다. 그에게는 비밀이라는 것이 거의 없었으며, 혹 있다 해도 공공의 문제와 관련된 것이었다. 그는 공적인 행사, 공공 건물의 건축, 빈민에 대한 기부 등에 있어서도 신중했으며 한도를 넘지 않았다. 그는 스스로의 의무를 수행할 뿐, 어떤 행동을 통해 명성을 얻으려고 하지 않았다.

그는 때가 아닌 때에 목욕하지 않았으며, 집을 짓는 데 재미를 느끼거나, 식도락이니 옷이니 하는 것으로 까다롭게 굴지 않았다.

투스쿨룸의 토지 관리인이 그에게 용서를 빌었을 때, 그가 취한 태도는 모두가 아는 바와 같다. 그의 행동은 언제나 그러했다. 거칠거나 무자비하거나 난폭한 면모가 전혀 없었고, 흔히 말하는 바와 같이 '이성을 잃는' 일이 없었다. 그는 마치 시간은 얼마든지 있다는 듯이 모든 일을 하나하나 차분하게, 질서정연하면서도 끈질기게 검토했다.

세상 사람들이 쉽게 삼가지 못하거나 지나치게 즐기기 마련인 일들에 대해 절제할 때는 절제하고 즐길 때는 즐길

줄 알았다는 것이 소크라테스에 관해 전해 내려오는 이야기
이거니와, 이 말은 그에게도 적용될 수 있을 것이다. 그는
병상의 막시무스가 그랬듯이 어떤 아픔도 참고 침착하게 국
사를 처리하는 강인함을 보여 주었는데, 이는 완숙하고 꺾
이지 않는 정신을 가진 사람만이 가질 수 있는 특징이다.

17

나는 훌륭한 조상, 훌륭한 부모, 훌륭한 형제, 훌륭한 스승,
훌륭한 친척과 친구들, 그리고 훌륭한 것을 모두 갖게 해주
신 신들께 감사한다. 내게는 걸핏하면 그 훌륭하신 분들의
기분을 상하게 할 수 있는 기질이 다분히 있었지만, 그분들
의 노여움을 사지 않고 지낼 수 있었던 것 또한 신들 덕분
이다. 신들의 은총 덕분에 시련에 빠질 수 있는 상황을 비
켜갈 수 있었던 것이다.

나는 외조부의 밑에서 오랫동안 양육되지 않은 것에 대
해, 남자다움을 증명하기 위해 일찍 동정을 버리지 않고 오
히려 그 시기를 늦출 수 있었던 것에 대해서도 신들께 감사
한다. 또한 나의 모든 헛된 자만심을 고쳐주신 황제를 아버
지로 모시고 자란 것에 대해 신들께 감사한다. 그 덕분에

나는 궁전에 살면서도 호위병이나 화려하게 수를 놓은 옷, 횃불, 동상 등의 사치품을 탐하지 않고 살아가는 지혜를 배웠다. 그리하여 평민들과 차이가 없는 생활을 하면서도 사고의 격이 떨어지지 않았거니와, 국가의 이익을 위해 황제로서 해야 할 일을 게을리 하지 않을 수 있었다.

도덕적 성품을 가진 내 형제는 내게 반성할 수 있는 기회를 주었으며 존경과 애정으로 나를 기쁘게 해 주었다. 내 자식들이 아둔하거나 몸이 불구이지 않은 것에 대해서도 신들께 감사한다.

또한 수사학, 시, 그리고 기타의 학문에 깊이 빠지지 않았던 것에 대해서도 신들께 감사한다. 만일 내가 조금 더 그것들을 잘 했더라면 나는 완전히 그 속에 빠져 헤어나지 못했을 것이다. 그리고 나를 지도해 주신 분들에 대해 서둘러서 그들이 원하는 지위에 앉힐 수 있었던 것을 신들께 감사한다. 그렇지 않았다면 당시 아직 젊었던 그 분들은 좀더 시간이 흐르면 황제인 내가 자신들이 원하는 자리를 주리라는 희망에 헛되이 매달렸을 것이다.

나로 하여금 아폴로니우스, 루스티쿠스, 막시무스를 알게 해주신 신들께 감사한다. 그들로부터 자연의 섭리에 따라 사는 것이 어떠한 삶인가를 깨달을 수 있었기 때문이다. 내 비록 스스로의 잘못으로 인해 아직 자연의 이치에 따라 살지 못하고 신의 가르침을 깨닫지 못했다 하더라도 신들과 신들의 은총 그리고 영감에 의지하는 한, 신들의 직접적인 가르침에 의해 결국에는 자연에 따라 살게 된다는 것을 배웠다.

나의 육체가 쉽게 젊음의 격정에 무릎을 꿇지 않았던 것에 대해서도 신들께 감사한다. 황실의 시녀와 직접 접촉하지 않고, 훗날 격렬한 연정에 사로잡혔다가도 빠져 나올 수 있었던 것에 대해 신들께 감사한다.

가끔 루스티쿠스와 말다툼을 했으나 후회할 일을 저지른 적은 한 번도 없었고, 어머님이 일찍 돌아가시긴 했으나 마지막 몇 년을 나와 함께 지내신 것에 대해 감사한다. 또한 곤궁한 자나 다른 어려운 처지에 있는 사람들을 도와주려고 할 때면 언제나 그들을 도와줄 만한 방도가 마련되어 있었던 것에 대해서도 감사한다. 또한 남의 도움이 필요한 일이 생기지 않았던 점도 감사한다.

온순하고 상냥하며 검소한 아내를 맞이한 것에 대해, 자식들을 위해 훌륭한 스승들이 많았던 것에 대해 감사한다.

꿈을 통해 각혈과 현기증을 비롯한 여러 병에 대한 치료법을 알 수 있었던 것에 대해서도 신들께 감사한다.

또한 나는 철학에 관심을 가졌지만 소피스트들에게 말려들지 않았고, 연대기 작가들의 작품이나 삼단논법의 해결에 공연한 시간을 낭비하지 않았고, 천체의 현상에 대한 조사에 열중하지 않았던 것에 대해 감사한다. 그 모든 것은 신들과 행운의 도움이 있었기 때문에 가능했다.

그라누아 강기슭, 콰디 족(族)의 마을에서

2장

1

하루를 시작하기 전에 우선 해야 할 일이 있다. 오늘 하루
도 남의 일에 참견하기 좋아하는 사람, 은혜를 모르는 사람,
거만한 사람, 사기꾼, 시기심 많은 사람, 비사회적인 사람을
만나게 될 것이라고 스스로에게 타이르는 것이다. 그들은
선과 악이 무엇인지 모르기 때문에 그리 하는 것이다.

그러나 나는 선의 본질은 아름답고 악의 본질은 추하다
는 것을 알고 있다. 또 잘못을 저지르는 사람 역시 나와 동
류라는 것도 알고 있다. 그들과 내가 동일한 혈통을 가지고
있어서가 아니라 이성과 신성의 일부를 함께 나누어 갖고
있기 때문이다. 그러므로 그들의 잘못으로 인해 내가 해를
입는 일은 생기지 않는다. 나 스스로 선택하지 않는 한, 아
무도 나를 추악한 일에 끌어들일 수 없기 때문이다.

나는 나의 동류에게 화를 내지도, 그들을 미워하지도 않
는다. 우리는 발처럼, 손처럼, 눈꺼풀처럼, 그리고 윗니와 아
랫니처럼 서로 협력하게끔 되어 있다. 서로를 적대시하는
것은 자연의 이치에 어긋나는 행동이다.

2

내가 어떤 존재이든 나는 육신과 호흡, 그리고 이성으로 되어 있다.

죽음의 문턱에 서 있는 사람처럼 육신을 경멸하라. 육신은 피, 뼈, 신경, 그리고 정맥과 동맥이 그물처럼 짜여진 것에 불과하다. 호흡도 그러하여 다만 공기에 지나지 않고, 그것조차 항상 동일한 것이 아니며 매순간 뱉어내고 들이마시는 것일 뿐이다.

이성이야말로 가장 중요하다. 그런데 머리가 희끗희끗해진 이 나이에도 나는 아직 이성을 구속한단 말인가. 사리사욕을 취하려는 욕구에 아직도 꼭두각시처럼 놀아나고 있단 말인가. 아직도 현재의 운명에 불평하고 미래의 일로 탄식한단 말인가.

3

우주는 섭리로 가득 차 있다. 우연조차도 자연이 미리 예정한 것으로, 모든 것이 섭리에 의해 다스려진다. 만물은 자연의 섭리에서 비롯된 필연적인 것으로서 이 필연성은 우주 전체에 유익하다.

그리고 우주는 변화에 의해 유지된다. 원소의 변화뿐만 아니라 원소로 이루어진 사물 또한 변화한다. 이 같은 원리를 기꺼이 받아들이고 지켜야 한다. 그리하여 불평 없이 즐거운 마음으로, 그리고 진심으로 신들께 감사하면서 죽음을 맞이하자.

4

이제, 내가 속해 있는 우주의 본질이 무엇인지, 그리고 이 우주를 지배하는 힘이 무엇인지 깨달아야 할 때가 왔다. 내게 허용된 시간은 한정되어 있다. 내 마음에서 의혹의 구름을 몰아내는 데 이 시간을 사용하지 않는다면 시간은 흘러가 버리고 나 또한 사라져 버려 다시는 되돌릴 수 없게 될 것이다.

나는 얼마나 오랫동안 이 일을 미뤄왔는가! 신은 내게 여러 차례 기회를 주셨으나 나 스스로 그 기회를 전혀 사용하지 않았던 것이다.

5

매순간 로마인으로서, 또 한 인간으로서 위엄과 인류애와 자유와 정의로써 나의 의무를 다하자. 그 밖의 모든 상념은 마음에 두지 말아야 한다. 무슨 일을 하든 그것이 마지막 기회인 것처럼 행동하고, 이성의 명령에 어긋나는 변덕스런 생각, 격정, 자만심, 그리고 운명에 대한 불만을 떨쳐 버리면 스스로 안식을 찾을 수 있다.

평온하고 경건한 삶을 위해 할 수 있는 것은 생각보다 많지 않다. 위의 몇 가지 가르침과 원칙을 따르면 충분하니, 신은 우리에게 그 이상의 것을 요구하지도 않는다.

6

내 영혼이여, 스스로를 책망하라. 오래지 않아 자신을 찬양할 수 있는 시간은 끝날 것이다. 나의 생은 단 한 번뿐, 그리고 그것으로 충분한 것. 그 삶이 거의 끝이 나고 있음에도 스스로를 존중하지 않고 타인의 칭찬에서 행복을 구하려 하는가?

7

마음이 어지러운 것이 외부의 일 때문인가? 그렇다면 더 이상 주변의 일들에 휩쓸리지 말고 무엇인가 새롭고 선한 것을 배우는 시간을 갖자. 그러나 여기에서도 조심해야 할 것이 있다. 자신의 모든 욕구와 생각을 쏟아 부을 만한 목표를 찾지 못한 채 이리저리 방황하여 삶에 지치는 것 또한 어리석은 짓이다.

8

다른 사람의 마음속을 들여다볼 수 없다고 해서 불행해지는 일은 거의 없다. 그러나 자기 마음의 움직임을 보지 못하는 자는 불행해질 수밖에 없다.

9

항상 마음에 새겨두어야 할 것이 있다. 우주의 본성과 나의 본성, 그리고 양자 간의 관계이다. 내 비록 우주의 한 점에 지나지 않지만 자연의 이치에 따라 행하고 말하는 것을 방해할 자는 아무도 없다. 내가 바로 자연의 일부이기 때문이다.

10

테오프라스투스는 욕망 때문에 저지른 잘못은 분노 때문에 저지른 잘못보다 더 많은 비난을 받아야 한다고 말했다. 철학자다운 말이다.

분노 때문에 잘못을 저지르는 사람은 얼마간의 고통과 무의식적인 양심의 가책을 받지만, 욕망 때문에 잘못을 저지르는 사람은 쾌락에 압도되어 무절제하고 나약하기 쉽다. 따라서 고통이 따르는 과오보다 쾌락이 따르는 과오가 더 많은 비난을 받아야 한다는 그의 말은 옳으며, 어느 면에서는 철학적인 타당성도 있다. 전자는 먼저 괴롭힘을 당한 것에 분노하여 자신도 모르게 잘못을 저지른 것이고, 후자는 자신의 욕구를 채우기 위해 자유의지로 잘못을 범한 것이기 때문이다.

11

어떤 일을 하든 바로 이 순간에도 죽음을 맞이할 수 있다고 생각하라. 만약 신이 존재한다면 결코 나를 악으로 인도하지 않을 것이니 죽음은 절대로 두려워할 일이 아니다. 만일 신이 존재하지 않거나 혹은 인간의 일에 무관심하다면, 신도 없고 신의 섭리도 없는 세상에서 사는 것이 무슨 의미가 있겠는가?

그러나 신은 실제로 존재하여 인간의 일을 돌보며, 악에 빠져들지 않는 능력을 주었다. 그리고 만일 누군가가 나에게 해악을 입히려 한다면 신은 내게 그것을 피할 수 있는 능력도 주었을 것으로 믿는다. 인간을 악하게 만들지 않은 신이 어떻게 인간의 삶을 악하게 만들 수 있겠는가?

우주의 본성은 이러한 종류의 해악을 간과할 만큼 무지할 리가 없으며, 또한 그것을 알고 있으면서도 안전 장치나 치료책을 고안할 능력이 없다는 것 또한 있을 수 없는 일이다. 만유의 본성이 무력하여 선인과 악인을 가리지 않고 선악을 가져다준다는 것 또한 있을 수 없다.

그러나 분명히 우리의 인생에는 삶과 죽음, 영광과 불명예, 고통과 쾌락, 부유함과 가난이 있다. 그리고 이것들은 선인과 악인에게 똑같이 일어난다. 이것들은 인간을 더 선하게도, 더 악하게도 만들지 않기 때문에 선도 아니고 악도 아니다.

12

모든 것은 얼마나 빨리 사라져 버리며, 그 사물들에 대한 기억 또한 얼마나 빨리 사라지는가. 모든 감각적 사물, 특히 쾌락이라는 미끼로 나를 유혹하거나 고통으로 위협하거나 허망한 명성으로 들뜨게 하는 것들의 본성은 무엇인가. 그 것들은 얼마나 보잘것없고 비열하며 추잡하고 덧없는 것인가. 이 모든 것들을 깨닫는 것이 이성의 한 기능이다.

교묘한 생각이나 발언으로 명성을 얻은 자들의 진정한 가치는 무엇인가? 죽음의 본성은 무엇일까? 깊이 생각해 보고 내 마음속에 있는 죽음에 대한 관념을 지워 버리면 죽음은 단지 자연의 한 과정이라는 것을 알게 될 것이다. 죽음은 그저 단순한 자연의 과정일 뿐만 아니라 자연을 이롭게 하는 것이기도 하다. 그러니 죽음을 무서워하는 것은 어린 아이와 같은 태도이다. 인간이 신에게 가까이 갈 때 어떤 부분을 통해서 접근하는 것인지, 또 그 부분이 어떤 상태에 있을 때인지를 가려내는 것도 이성이 하는 일이다.

13

만물을 두루 살피며 핀다로스의 말처럼 지하의 일을 기웃거리고, 공연히 이웃 사람의 마음속에서 일어나는 일까지 억측하는 사람보다 더 불행한 사람은 없다. 각자의 마음속에 있는 이성을 섬기고 그것이 이끄는 대로 행동하는 것으로 충분하다. 그러기 위해서는 격정에 이끌리지 말고 무분별한 행동을 삼가며 신과 인간이 하는 일에 불만을 품지 말고 순수성을 유지해야 한다.

신이 하는 일은 그 탁월함 때문에 존경할 가치가 있으며, 인간이 하는 일은 나와 동류인 사람들이 하는 것이기 때문에 기꺼이 받아들여야 한다. 때로 그들이 흑백조차 가리지 못하는 불구자와 같이 선악을 분별하지 못할 때에도 그들에 대해 연민의 정을 느낄 일이다.

14

3천 년, 아니 3만 년을 산다 해도 잃을 것은 지금 현재의 삶밖에 없다. 존재하지도 않는 과거와 미래의 삶을 잃을 수는 없을 테니까. 그러므로 백 년을 살든, 단 일 년을 살든 마찬가지이다. 누구나 현재만을 가질 뿐이니 우리가 잃을 것도 현재뿐이기 때문이다. 그러니 다음의 두 가지를 명심하자.

첫째, 이 세상 만물은 영원한 과거로부터 똑같은 형태로 순환되어 왔다. 인간이 동일한 사물을 백 년 또는 2백 년, 아니 영원토록 본다 하더라도 본질에는 아무런 차이가 없다.

둘째, 가장 장수한 사람도, 태어나자마자 죽은 사람도 결국에는 같은 것을 잃는다. 현재만이 인간이 소유하고 있는 유일한 것이고, 그러므로 빼앗길 수 있는 유일한 것이기 때문이다.

15

"모든 것은 단지 인간의 관념에 지나지 않는다." 라고 한 견유학파 모니무스의 말은 명백한 진리이다. 그리고 이 말의 핵심을 진리로 받아들인다면 이 명제는 틀림없이 도움이 될 것이다.

16

내 영혼이 나를 괴롭히는 것은 다음의 경우이다.

첫째, 내 영혼이 우주에 생긴 악성 종양과 같이 되는 경우다. 지금 내게 닥친 일로 괴로워할 때가 그러한 경우로 자연의 섭리에 어긋나는 행위이다.

둘째, 누군가를 외면하거나 악의적인 의도로 반대하는 경우로 대체로 누군가에 대해 화가 날 때 그러하다.

셋째, 쾌락이나 고통에 굴복할 때이다.

넷째, 말이나 행동이 진지하지 않고 남을 속이는 경우이다.

다섯째, 아무런 목적도 없이 무분별하게 행동할 때이다. 아무리 사소한 일이라도 뚜렷한 목적이 있어야 한다. 적절한 생각 없이 노력과 힘을 낭비하지 말라. 인간의 목적은 우주의 이성과 법을 따르는 데 있다.

17

인간의 일생은 순간이며, 그 실체는 유동하는 것이다. 지각은 무디고 육체는 결국 썩어지며, 영혼은 소용돌이와도 같다. 운명은 예측할 수 없고, 명성은 불확실하다. 육체에 속하는 모든 것은 흐르는 물과 같고, 영혼에 속하는 것은 꿈이요 증기일 뿐이다. 삶은 전쟁이자 이방인의 일시적인 체류이며, 후세의 명성 또한 망각에 불과하다. 그렇다면 인간을 인도하는 것은 무엇인가? 그것은 단 하나, 철학이다.

철학은 인간의 마음속에 있는 신성을 모독하거나 해치지 않고, 고통과 쾌락을 초월하고, 목적 없이는 어떤 일도 하지 않으며, 허위나 위선을 멀리하고, 다른 사람의 행동에 의지하지 않게 한다. 또한 어떤 일이 일어나든 모든 것이 동일한 근원에서 나온 것임을 받아들이고, 죽음은 모든 사물을 구성하는 원소의 분해에 지나지 않는다는 것을 깨달아 기꺼이 죽음을 기다릴 수 있게 해 준다.

그런데 끊임없이 다른 것으로 변화하는 원소 자체가 악이 아님을 알고 있으면서도 어째서 나는 모든 사물의 변화와 분해를 두려워하는 걸까? 죽음은 자연의 섭리에 따르는 일이며, 자연의 섭리에 따르는 일에는 악이 있을 수 없다.

3장

1

인간의 생명은 매순간 날마다 조금씩 소진되어 하루하루 줄어들고 있다. 살면서 또 하나 명심해야 할 것은 나이가 들어갈수록 판단력이 흐려져 사물을 충분히 파악하기 어렵다는 것이다. 사고력 또한 그러하여 나이가 들면 자연의 섭리와 인간에 대해 제대로 이해하기가 어려워진다.

사람은 노망을 부리는 나이가 되어서도 여전히 먹고 소화하고 배설하는 등 생리 현상이 사라지지 않으며 감각과 욕망도 그대로이다. 그러나 가진 능력을 한껏 발휘하지는 못하게 되며, 의무를 제대로 완수하지도 못한다. 또한 모든 현상을 명확히 판단하여 이 세상을 떠나야 할 때가 언제인지를 분별하기 어렵게 된다. 칼날 같은 이성으로 삶을 관조하는 능력이 이미 사라졌기 때문이다.

그러니 서둘러야 한다. 나도 모르게 날마다 죽음을 향해 한 발자국씩 다가가기도 하거니와 그보다 먼저 사물을 꿰뚫어 보고 이해하는 힘이 사라지기 때문이다.

2

잘 살펴보면 자연뿐만 아니라 자연에 부수적으로 생기는 일에서도 무언가 기분 좋고 아름다운 것을 발견하게 된다.

예를 들어, 빵을 구울 때면 빵 굽는 사람의 의도와는 달리 겉이 갈라져 터지는 경우가 있다. 그렇지만 이 갈라터진 부분이 독특한 아름다움을 느끼게 하고 먹고픈 마음을 불러일으킬 수 있다.

또 무르익어 입을 벌린 무화과 열매와 익다 못해 썩기 바로 직전의 올리브 열매는 각별한 아름다움을 자아낸다. 고개 숙인 벼이삭, 찌푸린 사자의 이마에 그어진 주름살, 또 멧돼지의 입에서 흘러내리는 거품. 하나하나 떼어놓고 보면 결코 아름답다고 할 수 없는 이것들이 자연의 활동의 결과로 나타나면 그 나름대로의 아름다움이 생겨나 우리의 마음을 기쁘게 하는 것이다.

이와 같이 우주의 섭리를 느끼고 깊이 통찰하는 사람은 사소한 것 하나에서도 기쁨을 느끼게 되어 있다. 포효하는 사나운 산짐승에게서도 이름난 화가나 조각가의 작품이 주는 기쁨을 느낄 수 있는 것이다. 주름진 노인에게서는 원숙한 아름다움을, 젊은이에게서는 신선한 매력과 순결을 느끼게 된다. 그러나 이 같은 아름다움은 자연과 자연의 섭리를 진실로 이해하는 자만이 볼 수 있다.

히포크라테스는 무수한 사람들의 병을 낫게 해주었지만, 정작 본인은 병사하고 말았다. 점성술과 주술에 능해 수많은 사람들의 운명을 예언했던 칼데아의 현자들 또한 죽음이라는 운명은 끝내 피할 수 없었다.

무수한 전쟁을 치르며 수많은 도시를 함락하고 수만 명의 적병을 무찌른 알렉산드로스 대왕, 폼페이우스, 또 저 유명한 카이사르도 결국 한 줌 흙으로 돌아가고 말았다.

우주의 근원은 불이라고 밝힌 헤라클레이토스는 몸 속에 물이 차는 수종증으로 죽었다고 한다. 데모크리토스는 작은 벌레에 물려 죽은 것으로 전해지며, 소크라테스는 벌레보다 못한 인간들 때문에 죽었다.

이 모든 것이 대체 무엇을 의미하는가?

나는 인생이라는 배를 타고 바다를 떠다니다가 항구에 다다른 것. 이제 배에서 내려 다른 세상으로 가려고 한다. 그러나 피안의 세계에서조차 신은 존재하므로 어디를 가도 결코 신의 지배를 벗어날 수는 없다. 그러나 무감각의 상태가 된다면 고통이니 쾌락이니 하는 것들에 휘둘리지 않고 육체라는 배의 노예가 되지 않을 것이다. 비록 육체는 보잘것없지만 그 육체를 움직이는 것은 그렇지 않기 때문이다. 전자가 흙과 부패라면 후자는 이성과 신성이다.

4

여러 사람의 이익과 관련된 일이 아니라면, 남의 일을 생각하느라 길지도 않은 인생을 낭비하지 말라. 남이 무슨 일을 하는지, 왜 하는지, 또 무슨 생각을 하고 어떻게 말하는지에 골몰하다 보면 정작 자신이 해야 할 일은 기회를 놓치게 된다. 이렇게 되면 이성마저 흔들리게 된다.

생각이 떠오를 때마다 혹시 그것이 맹목적이고 쓸모없는 것은 아닌지, 무엇보다도 지나친 호기심과 악의에서 나온 것은 아닌지를 가려내는 습관을 들이자. 그리하여 누군가 문득 지금 무슨 생각을 하느냐고 물었을 때 아주 솔직하고 담백하게 이러이러한 것이라고 즉시 대답할 수 있어야 한다. 단순하면서도 남을 배려하는, 함께 더불어 사는 데 필요한 생각만을 하고 감각적 쾌락, 적대감, 질투, 의심 등 밝히기 부끄러운 생각은 버려야 한다.

이 같은 사람은 곧 신의 종복과 같아서 자신의 마음속에 있는 신성이 이끄는 대로 행동하기 때문에 쾌락에 물들지 않고 고통의 괴로움도 겪지 않는다. 어떤 모욕에도 개의치 않고, 정의감으로 무장된 고귀한 투사와 같이 떳떳치 못한 일은 생각조차 하지 않게 되는 것이다. 그리하여 어떤 욕심에도 흔들림 없이 자신에게 일어나는 모든 일과 자신의 몫으로 주어진 운명을 기꺼이 받아들여 자신의 운명만을 염두에 두고 주어진 일에만 몰두하여 완벽하게 그것을 수행한다.

이들은 자신의 운명이 선이라고 생각한다. 주어진 운명은 떨쳐낼 수 없는 것이어서 평생을 함께 가야 하기 때문이다. 이들은 또 모든 인간을 사랑하는 것이 인간의 본성에 따르는 일이라는 것을 알고 있다. 그들이 자신과 동류라는 것을 깨닫고 있기 때문이다. 그러나 이 때에도 모든 사람의 의견에 따르는 것이 아니라 오직 자연에 순응하는 사람들의 의견만을 존중한다.

자연의 이치를 따르지 않는 사람들은 겉과 속이 다른 생활을 한다. 이들이 어떤 사람들과 어울려 타락한 삶을 살고 있는지 알아둘 필요가 있다. 이들로부터 아무리 칭송을 듣는다 하더라도 그것은 아무런 의미가 없다. 그들은 자기 자신에 대해서도 만족을 느끼지 못하는 사람들이기 때문이다.

5

일할 때는 기꺼운 마음으로 부지런히 하며, 다수의 이익을 염두에 둘 것. 자신의 생각을 이리저리 꾸미거나, 말만 앞세우거나 한꺼번에 많은 일로 수선을 피우는 것은 바람직하지 않다. 마음속의 신성이 이끄는 대로 성숙한 인간답게, 자신의 운명을 받아들인 사람처럼, 어떤 맹세나 증인도 필요 없이 때가 되면 언제라도 세상을 떠난다는 당당함으로 임하리라. 명랑함 또한 잃지 않으며 남에게서 도움이나 안식을 구하지 않고 스스로의 힘으로 곧게 일어서리라.

6

살아가면서 정의, 진실, 절제, 용기보다 더 훌륭한 것이 있다면, 또는 나의 선택과 관계없이 주어진 일을 올바른 이성으로 행하여 스스로 만족을 느끼는 것보다 더 나은 것이 있다면, 그 일에 몰두하여 그것이 주는 기쁨을 누릴 일이다.

그러나 마음속에 뿌리박고 있는 신성에 따라 욕망을 억제하고 모든 상념을 검토하고, 소크라테스의 말처럼 육체의 유혹에서 벗어나 신에게 복종하고 인류를 사랑하는 것이 가장 선한 것이라고 생각한다면, 그리고 그것 이외의 모든 것은 하찮고 가치 없는 것이라고 생각한다면 마음속의 신성을 놓치지 않아야 한다. 그것에서 벗어나 일단 욕망에 굴복하면 다시는 잡을 수 없을 테니까.

타인의 칭찬, 권력, 쾌락 따위가 이성적인 선이나 공익보다 우선할 수 없다. 이것들은 어찌 보면 선으로 보일 수도 있으나 어느 순간 괴물로 돌변하여 나를 삼켜 버리고 말 것이니 나의 의지로 가장 선한 것을 택하여 그것에 충실해야 한다.

그런데 가장 선한 것이란 내게 가장 큰 즐거움을 주는 것이 아닐까? 이성적 존재로서의 내게 유익한 것이라면 그것을 고수하면 된다. 만약 동물로서의 내게 유익할 뿐이라면 겸허하게 그것을 인정할 일이지만, 그릇된 판단이 아닌지를 곰곰이 따져 보아야 하리라.

7

신의를 저버리고, 자존심마저 버리면서 해야 하는 일이라면 그것은 결코 옳은 일이 아니다. 누군가를 미워하고 의심하고 저주하고, 위선을 행하거나 진실을 숨겨가면서 얻은 이익이라면 그것 또한 내게 도움이 되지 않는다.

무엇보다도 자신의 이성과 신성을 사랑하고 숭배하는 이들은 어리석은 행동을 하지 않으며, 굳이 고독을 찾거나 사귐을 바라지도 않는다. 죽음을 추구하지도, 피하지도 않을뿐더러 영혼이 육체에 머물러 있을 시간의 길고 짧음에 연연해하지 않는다. 비록 지금 당장 세상을 떠나야 한다 해도 이제까지 그래왔던 것처럼 품위와 절도를 잃지 않고 담담하게 죽음을 받아들이리라. 다만 사는 동안 이성을 곧게 하고 해야 할 일을 제대로 할 수 있도록 노력할 뿐.

8

순수한 사람의 마음에서는 부패, 부정, 곪아터진 상처 따위를 찾아볼 수 없다. 운명이 언제 그에게 손을 내밀지라도 그의 인생은 연극이 끝나기도 전에 무대를 떠나는 배우처럼 미완의 상태로 끝나는 것이 아니라 완성된 삶의 형태로 막을 내릴 것이다. 그는 비굴하지 않고, 남에게 의지하지 않고, 지나치게 집착하거나 방관하지 않고, 비난받을 만한 짓이나 감추어야 할 짓은 하지 않는다.

9

판단력은 대단히 중요한 것. 그것이 있어야 자연의 섭리와 이성에 어긋나는 생각이 마음속에서 움트는 것을 막을 수 있으니까. 또한 성급한 결정을 피하고, 인간을 사랑하고 신을 섬길 수 있으니까.

10

이 세상에서 소중한 것은 얼마 되지 않는다. 나머지는 모두 던져 버리자. 나는 오직 현재를 살고 있을 뿐, 그 밖의 생애는 이미 지나가 버렸거나 아직 오지 않은 불확실한 것이다. 인생은 그저 순간이고, 내가 잠시 머문 자리 또한 지구 위의 한 점에 불과하다. 죽은 뒤 명성이 아무리 오래 간들 무슨 의미가 있으랴. 나를 기억하는 사람들 또한 곧 죽어야 할 존재이며, 자기 자신이 누구인지도 잘 알지 못하는 사람들임에야.

11

무엇을 대하든 그것에 대해 정의를 내리고 껍질을 벗긴 참 모습을 생각해 보아야 한다. 사물의 본질을 알려면 그것이 무엇으로 구성되어 있는지, 그리고 무엇으로 분해되는지를 파악해야 한다.

모든 사물을 조직적으로 그리고 진실하게 고찰하는 것보다 우리의 마음을 고양시키는 것은 없다. 그것이 우주에서 어떤 위치를 차지하고 있으며, 효용성이 무엇인지, 우주와 관련하여 어떤 가치가 있는지, 또 나와 관련해서는 어떤 가치가 있는지를 고찰해야 한다.

지금 내게 닥친 일을 살펴보자. 이것의 본성은 무엇이며 얼마나 오래 지속될 것인가? 이것에 대해 내게 필요한 덕목은 무엇일까? 관용, 용기, 진실, 성실, 소박 혹은 만족?

어떤 일이든 그것은 신께서 주신 것으로서 섭리, 운명, 혹은 우연의 실타래에서 비롯된 것이다. 그 중 어떤 것은 자연의 이치를 아직 깨닫지 못한 사람들로 인한 것일 수도 있다. 그러나 그들 또한 나의 동류인 내 형제들이므로 그들을 대할 때에도 연대라는 자연의 법칙에 따라 관대하고 정의로워야 한다. 동시에 선도 아니고 악도 아닌 하찮은 것에 대해서도 나름의 가치를 찾기 위해 노력할 일이다.

12

행복한 삶이란 올바른 이성에 따라 진지하고 침착하게 마음을 흐트러뜨리지 말고, 자기 마음속의 신성을 순수하게 간직하며 주어진 일을 하는 것이다. 당장이라도 삶을 되돌려 줄 수 있다는 마음으로 아무런 기대나 두려움 없이 자연의 이치에 따라 말하고 행동하는 것이 바로 행복이다. 그리고 아무도 나의 행복을 방해하지 못한다.

13

의사는 언제 들이닥칠지 모르는 환자를 위해 항상 의료도구를 준비해 둔다. 나 또한 신과 인간을 이해하기 위한 원칙을 항상 명심하고 있어야 한다. 즉, 아주 사소한 일에조차 신과 인간은 밀접하게 연결되어 있다는 것을 깨달아야 한다. 신과 관련을 맺지 않은 채 인간의 일이 제대로 이루어질 수 없으며, 신성한 일 또한 그러하다.

14

무엇을 훔친다든가, 씨를 뿌린다든가, 물건을 매매한다든가, 조용히 지낸다든가, 의무를 이행한다든가 하는 말에 얼마나 많은 의미가 있는지 알고 있는가? 이것들은 눈으로 볼 수 있는 것이 아니라 다른 종류의 통찰력에 의해서만 비로소 드러나는 것이다.

15

육체에는 감각이 있고, 영혼에는 욕구가 있고, 이성에는 원칙이 있다. 동물조차 사물을 볼 수 있으며 욕망을 느낀다. 나약한 인간이나 폭군 네로 황제, 또 산 사람을 가마솥에 넣어 죽였다는 시실리아의 왕 팔라리스도 욕망에 이끌릴 수 있다. 신의 존재를 믿지 않고 조국을 배반하고 남이 보지 않는 곳에서는 온갖 나쁜 짓을 일삼는 사람들에게도 이성이 있어서 때로는 올바른 일을 하기도 한다.

그렇다면 선한 사람이란 어떤 사람일까? 어떤 일이든 운명이 정해준 것이라면 주어진 일에 기뻐하고 만족하며, 마음속의 신성을 더럽히지도 않거니와 잡다한 상념으로 흐트러뜨리지 않는 사람들이다. 그들은 자기 마음속에 깃든 신성에 순종하고 진리에 어긋나는 말은 하지 않으며 정의에 위배되는 행동도 하지 않는다.

선한 사람은 또한 자신이 단순하고 겸손하며 만족스런

삶을 산다는 것에 대해 모든 사람들이 부정한다 해도 결코
화를 내지 않는다. 이들은 자신의 운명에 온전히 순응하여
언제라도 이 세상을 떠날 채비를 하고 순결하고 묵묵히 자
신의 길을 걸어갈 뿐이다.

4장

1

이성이 자연의 이치에 따를 때에는 자신이 처한 상황에 쉽게 적응한다. 마치 불 속에 던져진 물건이 타는 것과 같다. 불이 약할 때에는 그 물건으로 인해 불이 꺼지는 수도 있겠지만, 강한 불길은 던져진 물건을 재료로 삼아 태우고 이로 인해 불은 더욱 세게 타오른다. 이것처럼 이성은 스스로에게 장애가 되는 것을 스스로의 재료로 삼아 앞으로 나아간다.

2

어떤 일이든 반드시 목적이 있을 때만 행하되, 반드시 완벽한 원리를 갖춘 기술에 따를 것.

3

사람들은 흔히 시골이나 해변가, 혹은 산 속에 하나쯤 은신처를 갖고 싶어한다. 그러나 그것은 지극히 평범한 사람들이 갖는 생각이다. 마음만 먹으면 언제라도 자기 안에서 휴식할 수 있으니 나에게 내 영혼보다 더 조용하고 자유로운 휴식처는 없다. 내 영혼을 들여다보면 나는 곧 완벽한 평정에 들 수 있다. 평정이란 마음의 질서다.

단순하면서도 근본적인 것을 망라하는 삶의 원리를 세워야 한다. 그 원리를 상기하는 것만으로도 영혼은 맑아지고 불만은 사라질 것이다.

그렇다면 나의 불만은 무엇인가? 사악한 사람들 때문에 괴로운 것? 그런 때는 사람들은 서로를 돕기 위해 존재하며, 참는 것 또한 정의의 한 부분이라는 점을 기억하자. 수많은 사람들이 자신도 모르게 잘못을 저지르고, 서로 미워하고 의심하고 증오하고 싸우다가 한 줌의 재로 사라진다는 것을 생각하라. 그러면 마음의 평정을 찾을 것이다.

때로는 내게 주어진 운명에 불만을 품을 경우도 있다. 그럴 때면 이 세상은 신의 섭리로 이루어진 것이거나, 아니면 원자가 그저 우연히 결합된 것이라는 명제를 한번 생각해보자. 또 이 세계가 하나의 공동체라는 사실을 증명하는 수많은 이론을 생각하자. 그러면 마음의 평정을 찾을 것이다.

그렇다 해도 아직 육체의 구속이 남아 있다. 그러나 정신이 일단 육체로부터 자유로워져서 그 힘을 깨닫게 되면 어떤 육체의 유혹에도 넘어가지 않는다는 것을 상기하면서 고통과 쾌락에 대해 여태껏 듣고 느낀 것을 돌아보자. 그러면 마음의 평정을 찾을 것이다.

때로는 명성에 대한 욕망으로 괴로울 때도 있다. 그럴 때에는 모든 것이 얼마나 빨리 잊혀지는가를 생각하자. 과거와 미래의 무한한 시간에 비한다면 현재는 순간에 불과한 것. 또 박수갈채의 공허함이라니. 나를 찬양하는 사람들은 또 얼마나 변덕스러운가. 그들의 판단은 허점투성이에 찬양 또한 극히 좁은 곳에서만 맴돌 뿐이다. 자, 이제 마음의 평정을 찾을 수 있을 것이다.

지구는 하나의 점에 지나지 않는다. 그러니 내가 살고 있는 공간은 얼마나 작은 곳인가? 그곳에 몸담고 있는 사람들은 또 얼마나 적을 것이며, 또 그 중에서 나를 칭찬하는 이들은 어떤 사람들일까? 이제 내 안에 있는 작은 영지에 닻을 내리자. 무엇으로도 괴로워하거나 흐트러지지 말 것이며, 절대로 자유로워져야 한다. 인간으로서, 사회의 일원으로서, 그리고 언젠가는 죽어야 할 존재로서 모든 것을 대하자.

이제 내게는 언제나 기억해야 할 두 가지 좌우명이 있다.

첫째, 사물은 나의 마음 밖에 고정되어 있으므로 나의 영혼을 건드릴 수 없다. 내가 느끼는 동요는 언제나 내 마음에서 오는 것이다.

둘째, 지금 내 눈앞에 있는 모든 사물은 매순간 변화하며 곧 사라져 버리고 말 것이다. 이미 그 같은 변화를 수없이 보아오지 않았는가? 우주는 변화하는 것이며, 인생은 그것을 어떻게 생각하느냐에 따라 정해지는 것이다.

4

사람이라면 누구나 생각할 수 있는 능력이 있듯, 인간은 이성적 존재라는 점에서 누구에게나 이성이 있다. 이성이 있으므로 사람들은 해야 할 일과 해서는 안 될 일을 구별할 수 있는 것이다. 그렇다면 이 세계를 지배하는 보편적인 법칙 또한 존재할 것이다. 이 세계는 하나의 공동체이며, 사람들은 모두 그 구성원으로서 동료들이다. 그 밖에 모든 인류가 속해 있는 공동체가 또 존재하는가? 세계가 한 국가라는 생각에서부터 인간의 지적 능력, 이성적 능력, 그리고 법을 준수하는 능력이 생겨나는 것이다. 그렇지 않다면 이 같은 능력이 어디에서 나올 수 있겠는가?

나의 몸을 구성하는 요소 중에서 흙으로 된 부분은 흙에서 나온 것이고 물로 된 부분은 또 다른 원소로부터 생긴 것이며 뜨겁고 불같은 것은 또 다른 어떤 것으로부터 생긴 것이다. 무(無)에서는 아무 것도 생겨날 수 없다. 나의 영혼 또한 어떤 근원에서부터 생겨난 것이다.

5

태어남과 마찬가지로 죽음은 자연의 신비이다. 출생과 죽음은 같은 원소로 이루어져 있다. 출생은 여러 요소가 하나로 결합하는 것이고, 죽음은 여러 원소로 다시 분해되는 것이다. 죽음을 두려워하지 말라. 죽음은 이성적 동물로서의 인간의 본성에도, 또한 우리 몸의 이법에도 어긋나지 않는다.

6

죽음은 인간에게 있어서 지극히 자연스럽고 필연적인 결과이다. 이것을 부정하는 사람이 있다면 무화과나무에서 즙이 나오지 않기를 바라는 것과 같다. 그러나 머지 않아 그 사람도, 나도 이 세상에서 사라질 것이고 모두의 이름조차 곧 잊혀질 것이다.

7

'피해를 입었다'는 생각을 버리면 '피해를 입었다'는 불평이 없어진다. 불평이 없어지면 피해 그 자체도 없어진다.

8

나를 전보다 더 나쁜 인간으로 만들지 못하는 것은 나의 인생 또한 나쁘게 만들지 못한다. 내부적으로든 외부적으로든 아무런 해를 끼치지 못하는 것이다.

9

이 세상에서 일어나는 일은 어떤 것이든 정당하게 일어난 것이다. 주의 깊게 관찰해 보면 모든 일이 인과관계에 따라 순서적으로 일어날 뿐만 아니라 마치 누군가가 각 사물에 고유한 가치를 부여하고 있는 것처럼 올바르고 정당하다는 것을 알 수 있다. 일단 시작한 일은 누구든지 그 선함을 인정할 수 있도록 행동하자. 어떤 일을 하든 이 점을 명심하라.

10

내게 해를 끼치는 사람들이 사물을 보는 시각, 혹은 그들이 내게 주지시키려고 하는 관점을 받아들이지 말 것. 있는 그대로 사물의 참모습을 볼 수 있어야 한다.

11

언제나 다음의 두 가지 규칙을 따를 수 있도록 마음의 준비를 하라.

첫째, 올바른 이성이 내게 유익하다고 권유하는 일만을 할 것.

둘째, 나를 올바른 길로 인도하는 사람이 있어 나의 잘못된 점을 지적할 때에는 그 충고에 따라 의견을 바꿀 것. 그러나 의견을 바꿀 때에는 반드시 그것이 정의롭고 공공의 이익에 합당하다는 확신이 있어야만 한다. 그저 즐거움이나 평판을 위해 의견을 바꾸어서는 안 된다.

12

내게 이성이 있을까? 물론이다. 그렇다면 어찌하여 그것을 그냥 버려두고 있는가? 이성이 제 구실을 한다면 더 이상 무엇을 바라겠는가?

13

나는 지금 우주의 한 부분으로 존재하고 있다. 머지않아 나를 만든 우주의 품속으로 나는 사라질 것이다. 아니, 변화를 통해 생성의 원리 속으로 되돌아간다고 하는 것이 더 맞는 말이겠다.

14

제단에 차려 놓은 향 중에는 먼저 타서 떨어지는 것이 있는가 하면 나중에 타는 것도 있다. 그러나 그렇다 하여 무슨 차이가 있는가?

15

지금이라도 내 스스로의 원칙으로 돌아가서 이성을 존중한다면 지금은 나를 야수나 원숭이같이 여기는 사람들이 열흘도 못 되어 나를 신처럼 여길 것이다.

16

천년 만년 살 것처럼 행동하는 것보다 어리석은 일은 없다. 지금 이 순간도 죽음은 가까이 다가오고 있다. 살아 있는 동안 선한 일을 할 것.

17

남들이 말하고 행동하고 생각하는 것에 관심을 두지 말라. 스스로 정의롭고 순수하다고 믿는 것에만 관심을 쏟으면 많은 수고를 덜 수 있다. 다른 사람들의 타락한 모습을 돌아보지 말고, 자신의 목표를 향해 곧바로 나아가라.

18

어느 면으로든 아름다운 것은 그 자체로 아름답고 그것으로 충분하다. 행여 칭찬을 받았다 하여 더 좋아지는 일도 더 나빠지는 일도 없다. 칭찬은 아름다움의 본질이 아니기 때문이다. 사람들이 입을 모아 아름답다고 찬양하는 사물이나 예술품도 마찬가지이다. 진실로 아름다운 것은 찬사를 필요로 하지 않는다. 법, 진리, 자비심, 겸손과 같은 미덕도 그러하다. 이 같은 미덕은 칭찬을 받았다 하여 미화되고 비난을 받았다 하여 그 고상함이 손상되지 않는다. 아무도 칭찬하지 않는다고 해서 에메랄드의 아름다움이 손상될 리 없고 금, 상아, 자수정, 칠현금, 단도, 꽃, 나무 등도 다 마찬가지이다.

19

죽은 후에도 영혼이 계속 존재한다면 태고 적부터의 수많은 영혼들이 대체 어떻게 대기에 있을 수 있을까? 아득한 옛날부터 땅에 묻힌 수없이 많은 시체들은 어떻게 다 땅 속에 있을 수 있을까? 땅 속에 묻힌 시체는 얼마간을 그대로 있다가 어떤 형태로든 변화하여 분해되어 사라지므로 죽은 자들이 묻힐 자리가 생기는 것이다. 죽은 영혼 또한 대기 속에서 얼마간을 떠돌다 변화하여 흩어져서 자연의 이치에 따라 불과 같은 성질을 갖게 되어 새로운 영혼에게 자리를 내어준다.

그러나 죽어서 땅에 묻히는 시체들이 전부는 아니다. 매일 수없이 많은 생명이 사람과 다른 동물들의 먹이로 사라지고 있다. 그래도 대지는 변화의 이법으로 이 모든 시체들을 피와 공기, 그리고 불의 요소로 변화시켜 받아들인다.

그렇다면 이 문제의 답을 어떻게 밝힐 수 있을까? 물질과 형상의 원인을 나누어 분석하는 것에 있다.

20

공연히 방황하지 말 것. 어떤 욕구를 느끼든 정의롭게 행동하고, 어떤 사물을 대하든 이해력과 판단력을 잃지 말 것.

21

우주여! 그대와 조화를 이루는 모든 것은 제게도 조화로운 것입니다. 그대에게 적절한 시간에 일어난 것이라면 제게도 결코 너무 이르거나 늦지 않습니다.

자연이여! 계절 따라 그대가 가져다준 것 모두가 저를 위한 열매입니다. 만물은 그대로부터 생겨나고 그대 안에 있으며 그대에게로 되돌아갑니다.

22

일찍이 철학자 데모크리토스는 "마음의 평정을 얻으려면 많은 일을 하지 말라." 라고 했다.

그러나 이 말보다는 "필요한 일만을 하되 사회적 동물로서의 인간의 이성이 요구하는 바에 따라 행동하라." 라는 말이 더 명쾌할 것이다. 그렇게 되면 꼭 해야 할 일을 하고 있을 뿐만 아니라 의무를 훌륭하게 수행하고 있다는 점에서도 마음의 평정을 찾을 수 있을 것이다.

우리가 하는 말과 행동의 대부분이 불필요한 것들이다.

불필요한 행동이나 말을 삼가면 여유는 커지고 근심은 줄어든다. 그러므로 어떤 일을 하든 그 일이 혹시 불필요한 일이 아닌지를 생각해 보라. 또한 불필요한 생각도 버려야 한다. 그래야 불필요한 행동을 하지 않을 수 있게 된다.

23

자신에게 주어진 운명에 만족하고 정의롭게 행동하고 자비를 베풀 줄 아는 것이 선인의 삶이다. 나도 그처럼 살 수 있는 능력이 있을까?

24

살아가노라면 이런 일도 있고 저런 일도 생기는 법. 그런 일로 마음을 흐트러뜨리지 말자. 그저 단순해질 것. 누군가 내게 잘못을 하였다면, 결국 그는 스스로에게 잘못한 것이니 개의치 말기로 하자. 나에게 일어나는 모든 일은 태초부터 그렇게 예정된 것이다. 삶은 한없이 짧은 것. 주어진 현재를 이성에 따라 정의롭게 그리고 값지게 살아가리라. 긴장을 풀되 해이함이 없이.

25

질서정연한 우주도, 어지럽기 짝이 없는 카오스도 우주임에
는 변함이 없다. 내 속에도 질서가 엄연히 존재하는데 우주
가 무질서할 수 있을까? 만물은 분리되고 흩어지지만 그러
면서도 늘 조화롭고 일체감이 있다.

26

사악한 사람은 비겁하고 완고하다. 잔인하고 유치하고 어리
석으며, 위선적이고 무례하고 탐욕스러운 폭군과도 같다.

27

우주에 무엇이 있는지 모르는 사람을 이방인이라고 한다면,
우주에서 무슨 일이 일어나는지 모르는 사람 또한 이방인이
다. 그런 사람은 사회적 인간으로서의 이성을 애써 외면하
려는 도피자이며 판단의 눈을 감아 버린 장님과 같다. 자신
의 인생을 스스로 책임지지 못하고 남에게서 구걸해야 하는
불쌍한 인간이다. 자신의 운명을 받아들이기를 거부함으로
써 인간의 보편적 본성인 이성에서 물러나 스스로를 학대하
는 쓸모없는 인간이다. 운명이야말로 자신을 만들어주신 자

연이 내린 것이거늘.

28

디오게네스같이 일생 동안 단 한 벌의 옷으로 산 철학자가
있는가 하면, 단 한 권의 책도 읽지 않는 철학자도 있다. 또
반라(半裸)로 산 철학자도 있다. 그는 "비록 빵은 없지만 나
는 이성에 따라 산다." 라고 말했다.

비록 철학에 전념하지는 못하나, 나 마르쿠스 아우렐리우
스 또한 이성에 따라 살리라.

29

비록 보잘것없다 하더라도 내가 익힌 일을 사랑하고 그것에
만족하자. 남은 인생도 온 마음을 바쳐 신을 섬기는 사람으
로 살 것이며 독재자도 노예도 되지 말자.

30

폭군 네로가 몰락하고 황제가 된 베스파시아누스 황제 때를
보자. 그때에도 사람들은 지금과 똑같았다. 결혼하고 애를
낳아 길렀으며, 병들어 죽기도 했고, 싸우기도 했고 잔치도

벌였으며, 장사를 하거나 농사를 지었고, 아부를 하다가도 때로는 거만을 부렸으며, 의심하고 음모를 꾸미기도 했다. 누군가가 죽기를 바란 사람들도 있었을 테고, 어떤 이들은 현실에 대해 불평하고 사랑도 했을 것이며, 재물을 모으며 집정관이나 황제의 지위를 탐하기도 했을 것이다. 그러나 지금 이 모든 사람들의 흔적은 자취도 없이 사라지고 말았다.

트라야누스 황제 때에도 조금도 다를 것이 없었다. 그들도 모두 가고 없다. 다른 시대, 다른 민족 모두 마찬가지이다. 그 많은 사람들이 온갖 노력을 기울여 살던 끝에 결국은 사라져 원소로 흩어지고 말았다.

그러나 지금은 내 주위의 사람들을 생각해볼 일이다. 이들 중 많은 사람들이 자신의 본성을 굳게 지키며 기꺼이 그에 따라 행동하기보다는 헛된 일에 집착하고 있다.

중요한 것은 어떤 일을 하든 그 일의 가치와 분수에 따라야 한다는 것이다. 이 점을 명심하면 중요하지도 않을 뿐더러 적절하지도 못한 일에 쓸데없이 힘을 빼는 일은 없을 것이다.

31

예전에 유행하던 말이 지금은 사용되지 않듯이 과거에 유명했던 인물들도 결국 잊혀지고 만다. 한때 세상을 들썩이게했던 내로라 하던 사람들의 이름도 그러하다.

모든 것은 한순간에 사라져 한낱 옛이야기같이 되었다가 곧 사람들의 뇌리에서 영원히 사라지고 만다. 세상이 떠들썩하게 명성을 떨쳤던 사람들도 그러한데, 하물며 보통 사람들이야 숨이 끊어지는 바로 그 순간 잊혀지고 말 것이다. 그러니 영원히 기억될 만한 것이란 아무 것도 없다. 그렇다면 우리가 온 힘을 다해 노력해야 할 일은 무엇인가? 오직 하나뿐이다. 정의로운 생각, 남을 배려하는 행동, 조금의 거짓도 없는 정직한 말, 그리고 이 세상 모든 일이 미리 예정되어 있는 것으로 동일한 뿌리에서 나와 필연적으로 일어난다는 사실을 기꺼이 받아들이는 태도이다.

생명의 실을 잣는 운명의 여신 클로토에게 기꺼이 내 몸을 맡겨 여신의 뜻대로 내 운명의 실을 잣도록 하리라.

33

기억하는 자든 기억되는 자든, 덧없기는 마찬가지다.

34

이 세상 모든 것이 변화 가운데 생기는 것임을 항상 명심하자. 우주의 본질은 존재하고 있는 사물을 변화시키고 그와 같은 것을 새로 만들어내는 것이다.

지금 이 시간 존재하고 있는 사물은 어떤 의미에서는 앞으로 존재하게 될 것들의 씨앗이다. 그러나 인간은 땅 속이나 모태 속에 뿌려지는 씨앗만을 생각하고 있으니, 참으로 우매하기 짝이 없다.

35

이제 곧 죽을 목숨이면서 아직까지도 마음이 단순 명료하지 못하고 번뇌에서 헤어나지도 못하고 있으니 참으로 안타깝다. 외부로부터 상처를 입지나 않을까 하는 의혹도 버리지 못했고 모든 이에게 자비롭지도 못하다. 또한 정의로운 행동만이 진짜 지혜라는 것도 아직 깨닫지 못했으니.

36

사람들, 특히 현자의 삶을 지배했던 원칙이 무엇인지 살펴
볼 것. 어떤 것을 피하고 어떤 것을 추구하였는지.

37

나의 불행은 다른 사람의 마음에서 비롯되는 것도, 내 육체
의 변화에서 오는 것도 아니다. 그렇다면 불행은 어디에서
오는 것일까? 바로 불행이라고 판단하는 내 마음에서 오는
것이므로 판단을 거부하면 모든 일이 순조롭게 풀릴 것이
다. 육신이 절단되거나 불에 타고 고름이 나고 썩더라도 냉
정한 이성으로 이를 불행이라고 생각하지 말자.

　악한 사람에게나 선한 사람에게나 가리지 않고 똑같이
일어나는 일은 선도 아니고 악도 아니다. 자연에 어긋나는
삶을 사는 사람에게나 자연에 순응하는 삶을 사는 사람에게
나 똑같이 일어나는 일은 자연에 어긋나는 것도, 자연에 순
응하는 것도 아니기 때문이다.

38

우주는 하나의 생명체로, 하나의 실체와 하나의 영혼을 가지

고 있다. 이 세상 만물이 하나의 생명체인 우주의 뜻에 따라 생성되고 우주의 움직임에 따라 행동하며, 생성의 원리에 의해 서로 결합하여 질서정연한 우주를 형성하는 것이다.

39

위대한 철인 에픽테토스가 말한 것처럼 인간이란 시체를 지고 가는 한낱 영혼에 지나지 않는다.

40

변화는 악이 아니며, 변화의 결과로 존재하는 것이라고 해서 선인 것도 아니다.

41

시간은 이 세상에 생겨난 모든 것이 모여 흐르는 거친 강과도 같은 것. 어떤 것이든 나타났다 하면 순식간에 흘러가 버리고 다른 것이 나타나 그 자리를 채운다. 그리고 그것 역시 금방 사라지고 만다.

42

이 세상에서 일어나는 모든 일은 봄이면 장미가 피고 가을이면 열매가 맺히는 것처럼 당연하고 익숙한 것들이다. 질병과 죽음, 비방과 음모, 그 밖의 것들 또한 그럴진대 어리석은 이는 이러한 일로 즐거워하고 때로는 괴로워한다.

43

나중에 일어나는 일은 앞서 일어난 일과 항상 연결되어 있다. 따로따로 일어난 일들이 그저 이어진 것이 아니라, 필요에 따라 합리적으로 조합된 것이다. 지금 존재하는 모든 것이 서로 조화를 이루며 결합되어 있듯이, 앞으로 존재하게 될 것들 또한 단순한 연속이 아니라 필연적인 연결 관계에 의해 나타날 것이다.

44

헤라클레이토스는 "흙이 죽어 물이 되고, 물이 죽어서 공기가 되며, 공기가 죽어서 불이 된다. 그리고 그 역순도 가능하다." 라고 말했다.

또한 "사람들은 자기가 어디로 가는지도 모르는 채 가고

있으며, 이성에 대해 끊임없이 이야기를 나누면서도 그것이
우주를 지배한다는 것을 모르고, 날마다 마주치는 것을 낯
설어한다." 라고 했다.

그는 또 "잠에 취한 사람처럼 말하거나 행동해서는 안
된다. 또 부모의 가르침을 받고 있는 어린애같이 그저 배운
대로 단순하게 행동하고 말해서도 안 된다." 라고 말했다.

45

만약 신께서 내가 내일이나 모레 죽을 것이라고 말씀하신다
면 나는 그것이 내일이 되든 모레가 되든 상관하지 않으리
라. 그 차이가 무엇이 중요하단 말인가? 마찬가지로 내일이
아니라 수 년 후에 죽는다 하더라도 큰 차이는 없는 것.

46

얼마나 많은 의사들이 환자들 때문에 눈살을 찌푸리다 죽어
갔는가 생각하라. 수많은 점성가 또한 오만하게 남의 운명
을 예언하다 죽어갔다. 죽음과 불멸에 대해 끝없는 논쟁을
벌였던 철학자들, 전장에서 무수한 병사의 목숨을 빼앗은
영웅들, 마치 영생이라도 누릴 듯이 사람의 목숨을 놓고 권

력을 휘두르던 폭군들, 이들 모두가 한 줌의 재로 변하고
말았다. 무수한 도시들도 폐허로 변했다. 우리가 알고 있는
사람들도 마찬가지이다. 죽은 이를 묻어준 사람도 죽어, 다
른 사람의 손에 묻혔다. 그리고 이 모든 일은 아주 짧은 시
간에 일어났다.

인간사란 얼마나 덧없고 무상한 것인가. 어제의 정액 한
방울이 내일은 미이라나 재가 된다. 그러므로 얼마 되지 않
는 시간이나마 자연에 순응하여 살다가 평안히 이 여행을
마쳐야 하리. 잘 익은 올리브 열매가 자기를 낳아준 자연을
찬양하고 자기를 길러준 나무에 감사하면서 떨어지듯이.

47

끊임없이 파도가 밀려와 부서져도 끄떡도 하지 않고 버티고
서서 노한 물결을 달래는 바위처럼, 나 그렇게 살리라. "이
런 일이 내게 일어나다니, 어찌 이리 운도 없을까!" 라고 하
는 대신, "그런 일이 일어나도 고통에 휘둘리지 않고 현재
에 압도되거나 미래를 두려워하지 않을 수 있으니 나는 얼
마나 행복한가." 라고 생각하리.

불행한 일은 누구에게나 일어날 수 있다. 그렇지만 모든

사람들이 그 일을 똑같이 받아들이는 것은 아니다. 그렇다면 어떤 사람에게는 행복인 것이 어찌하여 다른 사람에게는 불행이 될까? 인간의 본성에 어긋나지 않는 것을 불행이라 할 수 있을까? 또, 자연의 본성에 어긋나지 않는 것이 인간의 본성에는 어긋나는 경우도 있을까?

자연의 본성이 무엇인지 나는 알고 있다. 그렇다면 왜 이미 일어난 일 때문에 정의, 관대함, 절제, 겸손, 자유 같은 인간 본연의 성품을 유지하지 못하는 것일까?

어떤 문제에 부딪쳐 괴로울 때면 지금 닥친 일은 불행이 아니며, 그것을 참고 견디는 것이 행복이라고 생각하자.

48

집요하게 삶에 집착하는 사람들을 보면 죽음을 조금은 쉽게 받아들일 수 있을 것이다. 남보다 조금 더 오래 산다고 하여 과연 무엇을 더 얻을 수 있겠는가? 그들 또한 앞서 세상을 떠난 수많은 사람들처럼 결국 무덤 속에 누울 뿐이다.

탄생과 죽음 사이는 그토록 가까운 것. 그 짧은 기간 동안 우리는 수많은 고통을 겪고 하찮은 사람들과 부대끼며 허약한 육신을 혹사시킨다.

삶은 그렇게 대단한 것이 아니다. 과거와 미래의 무한한 시간을 한번 생각해 보라. 그 무한한 시간 속에서 3일을 살든 300년을 살든 무슨 차이가 있단 말인가?

49

언제나 지름길을 택할 것. 자연에 따르는 길이야말로 지름길이다. 그러므로 매사에 있어서 가장 건전한 이성에 따라 말하고 행동해야 한다. 그렇게 되면 괴로움, 전쟁, 농간과 허세로부터 자유로워질 수 있을 것이다.

5장

1

유난히 잠자리를 털고 일어나기 싫은 아침에는 "나는 지금 사람이라면 마땅히 해야 할 일을 하기 위해 일어난다." 라고 생각하라. 내가 이 세상에 태어난 이유가 바로 그 일을 하기 위해서인데 어찌 불평을 한단 말인가? 따뜻한 이불 속에서 빈둥거리기나 하려고 태어났는가? 편안하게 누워 있는 편이 더 좋단 말인가? 일도 노력도 하지 않고, 쾌락만을 쫓으며 살겠다는 것인가? 풀, 새, 개미, 거미, 꿀벌 따위의 하찮은 미물도 우주의 질서를 지키며 주어진 일을 한다. 하물며 인간인 내가 마땅히 해야 할 일을 게을리 하고 본성이 요구하는 일을 등한시할 수 있단 말인가?

휴식도 물론 필요하다. 그러나 자연은 휴식에도 한계를 정해놓고 있다. 먹고 마시는 것을 포함해 한계 이상의 휴식을 취하면서도 할 수 있는 일도 제대로 하지 않는 것은 스스로를 사랑하지 않기 때문이다. 스스로를 사랑하는 사람은 자신의 본성과 의지를 사랑한다. 그리하여 자신의 일을 사랑하는 사람들은 먹는 것도 씻는 것도 거른 채 지칠 때까지 일하는 것이다. 조각가는 조각을, 춤꾼은 춤을, 수전노는 돈을, 하다못해 헛된 명예에 연연하는 자도 하찮은 명성을 얻기에 정열을 쏟는다. 저들이 선택한 일을 완성하기 위해 침식마저 잊고 열중하는데, 나는 지금 무엇을 하고 있는가? 인간의 본성에 따르는 것, 즉 사회의 공익을 위해 일하는 것이 노력을 기울일 만한 가치가 없다고 생각한단 말인가?

2

번거롭고 온당치 못한 생각을 밀어내고 다시 온전한 평정을 누릴 수 있다는 것이 얼마나 다행인지.

3

무엇이든 자연의 이치에 따라 말하고 행동하는 것은 내게도 어울리는 것. 내 행동이나 말이 옳다고 생각한다면 남들의 원망이나 비난에 흔들리지 말자. 나를 비난하는 사람들 역시 스스로의 원칙이 있어 그렇게 행동하는 것이다. 남이야 뭐라든 개의치 말고 나의 본성과 자연의 본성에 따라 움직여라. 이 두 길은 같은 길이다.

4

날마다 숨쉬던 대기 속에 내 마지막 숨결을 토해낼 때까지

나는 자연의 법칙에 따라 일어나는 모든 것을 체험하리라. 그리고 내 아버지에게 씨앗을, 내 어머니에게 피를, 유모에게 젖을, 또 오랫동안 내게 먹을 것을 주었던 그 대지 위에 쓰러지리라. 내 그토록 짓밟고 함부로 굴었건만, 대지는 기꺼이 내 육신을 거두어 주시리라.

5

남들이 감탄할 만한 예지는 내게 없을지 모른다. 그러나 내게는 자연이 주신 여러 가지 장점이 있다. 성실, 진지함, 참을성, 쾌락을 혐오하고 주어진 운명에 만족하는 소박함, 자비, 솔직함, 자유, 아량 같은 훌륭한 품성이 내 안에 있다. 당장이라도 발휘할 수 있는 장점이 이렇게도 많으니 능력을 타고나지 못했다는 말은 이유가 되지 않는다. 그런데도 지금도 스스로를 비하하고 못생긴 육신에 대해 불평하며, 안절부절못하고 있다니 아니 될 말이다. 이미 오래 전에 이 같은 생활을 청산할 수 있었으니, 나 비록 게으르고 우둔해도 포기하거나 좌절하지 않고 최선의 노력을 기울여 이 같은 삶에서 빠져 나오리라.

6

남에게 친절을 베풀면서 사람들은 보통 다음의 세 가지 중 한 가지 태도를 취한다.

첫째는 자기가 베푼 친절이 곧 보답이 되어 돌아오기를 바라는 것이고, 둘째는 곧 보답을 요구하지는 않지만 자신의 친절을 잊지 않고 상대방을 빚진 사람으로 간주하는 것이다. 마지막으로 자신이 베푼 친절을 전혀 의식하지 않는 사람이 있다. 그는 자신의 친절에 대해 아무 것도 돌려 받기를 바라지 않는다. 마치 포도나무에 포도가 열리고 또 익는 것이 당연한 것처럼.

선행을 하였으면 그것으로 족한 것. 다른 사람들이 그것을 인정해주기를 바라지 말라. 제철 맞은 포도나무에 줄줄이 포도가 달리듯 말없이 또 다른 선행을 하면 되는 것이다. 말이 달리듯, 사냥개가 사냥감을 추적하듯, 벌이 꿀을 모으듯, 자기가 무슨 일을 하는지도 모르는 채 선행을 베푸는 사람이 되라.

그렇지만 '인간이란 사회적 동물의 특성은 자신의 행동이 사회적 활동임을 의식하고, 남들 또한 이를 인정해주기를 바라는 것' 이라는 말도 있지 않은가? 옳기는 하되, 그 진정한 뜻이 왜곡되기 쉬운 말이다. 친절을 베풀면서 그럴듯한 이유를 대다 보면 잘못을 저지르게 된다. 그러니 사회적 활동이니 하는 것은 접어두는 것이 좋을 것이다.

7

아테네 사람들은 "자비로운 제우스 신이여, 비를 내려주소서. 아테네의 평야와 들판에 비를 내려주소서." 라고 기도했다. 기도란 이렇듯 소박하고 고상해야 한다.

8

의술의 신 아스클레피오스는 환자에 따라 각기 승마, 냉수욕, 혹은 맨발로 걷기 등의 처방을 내렸다고 한다. 우주의 본성 또한 이와 같아서 어떤 사람에게는 질병을 주고, 어떤 사람은 불구로 만들고, 어떤 사람에게는 실패라는 처방을 내린다. 의사의 처방은 환자 개개인에게 맞는 치료법을 내리는 것이며, 우주의 본성은 각자의 운명에 맞추어 특정한 일이 일어나도록 예비해 놓는 것이다. 나에게 닥쳐온 불행은 그러므로 아귀가 꼭 맞게 석공이 돌을 쌓듯 전체적인 삶의 조화를 위해 일어나는 것으로서, 조화야말로 우주의 원리이다.

수많은 물체가 모여 우주가 되듯 무수한 원인이 모여 운명이 된다. 아무리 우매한 사람도 종종 '이런 일이 일어날 운명이었다' 또는 '그 사람은 그리 될 운명이었다'고 말하며 운명을 이해하고 있지 않은가.

의사의 처방을 받아들이듯 운명을 받아들여라. 의사의 처방은 때로는 고통을 주기도 하지만 건강을 위해서는 순순히 따라야 하는 것들이다. 자연의 명령에 따르는 것도 이같이 생각해야 한다. 설사 고통이 있더라도 이를 기꺼이 받아들여라. 우주의 평안과 행복 그리고 번영으로 가는 길이 거기 있다. 우주는 전체를 위해 필요한 것이 아니라면 누구에게도 고통을 주지 않는다. 자연 또한 인간이 견딜 수 없는 일은 일으키지 않는다.

내게 일어나는 일들을 기꺼이 받아들여야 하는 데는 두 가지 이유가 있다.

첫째, 그 일이 내게 일어난 것은 바로 나를 위한 처방이기 때문이며, 애초부터 그렇게 되도록 운명지어진 것이다.

둘째, 모든 사람들에게 따로따로 일어난 일도 우주의 행복과 완성, 그리고 존속을 위한 것이다. 그러므로 아주 작은 부분이나마 그 연결 고리가 끊기면 우주 전체의 조화는 깨지고 만다. 내가 운명에 불만을 느낀다는 것, 그 자체가 조화를 깨는 행위이다.

9

어떤 일을 하든 올바른 원리에 따라 행동하지 못했다고 해서 실망하거나 불평하거나 포기하지 말라. 이 때는 처음으로 되돌아가서 내가 한 행동의 많은 부분이 인간의 본성에 일치했는지를 짚어보고, 그랬다면 그것으로 만족하고 내 행동의 원리를 소중히 여기라. 철학이 무슨 스승이나 되는 것처럼 의지하는 것은 삼가야 한다. 대신 눈병 난 사람이 해면이나 달걀을 사용하고 또 어떤 이는 고약을 바르고 찜질을 하듯 실질적인 방법을 찾을 일이다. 그것이 이성에 따르는 것이다. 그 안에서 평정을 찾을 수 있다.

철학은 인간의 본성이 요구하는 것만을 구하는 반면, 사람들은 그들의 본성에 맞지 않는 일을 하기도 한다. "지금 하는 일보다 더 즐거운 일이 없을까?" 라고 생각하기도 한다. 그러나 이것이야말로 쾌락이 인간을 기만하는 수법이다.

관대함, 자유로움, 소박함, 마음의 평정, 그리고 경건함이 가져다주는 즐거움이 쾌락보다 못하단 말인가? 그렇지 않다. 이 같은 미덕이 판단력과 예지에서 비롯된다는 것을 생각할 때 지혜보다 더 유쾌한 것은 없다.

10

진리는 안개에 가려져 있어 훌륭한 철학자들도 이를 완전히 파악하는 것은 불가능하다고 생각했다. 하물며 인간의 생각은 번번이 오류를 범한다. 오류 없는 사람이 어디 있으랴. 물질적인 것들로 생각을 돌려보자. 그것들은 또 얼마나 덧없고 하찮은가? 방탕한 자, 매춘부, 도둑들도 물질을 소유할 수 있다. 주변을 둘러보아도 가장 유쾌하다고 하는 사람조차 참고 어울리기 힘들 때가 있지 않은가? 이러한 어두움과 추함, 존재와 시간의 무한한 흐름, 그리고 끊임없는 변화 속에서는 찬사를 받을 만한 것도, 진지하게 추구할 만한 것도 없다.

내가 해야 할 일은 자연으로 돌아가게 될 죽음을 조용히 기다리되 그 시간이 지체됨에 초조해하지 않는 것이다. 우주의 질서에 어긋나는 일은 절대로 내게 일어나지 않거니와, 또 내게는 신과 내 안의 이성에 어긋나는 일을 거부할 수 있는 능력이 있으므로 나는 언제나 마음의 평정을 잃지 않으리라.

11

나의 영혼은 지금 무엇을 하고 있는가 질문하라. 또 지금 내 마음에 자리잡고 있는 영혼이 어떤 것인가 살펴보아라. 어린애의 영혼인지, 젊은이의 영혼인지, 아니면 연약한 여인, 폭군, 가축 혹은 야수의 영혼인지.

12

사람들이 무엇을 재산으로 여기는가를 돌아보면서도 배우는 것이 있다. 신중함, 절제, 정의, 용기를 재산이라고 생각하는 사람은 "재산이 너무 많아 마음 편할 날이 없다."라고 한 어느 희극작가의 말에 동의하지 않을 것이다. 반면, 재산에 대해 세속적인 생각을 하고 있는 사람은 이 말에 쉽게 동의할 것이다. 재산을 사치와 명성을 가져다주는 부와 물질로 본다면 위의 말은 재치 있고 현명한 평가라 하겠다. 그러나 물질을 중히 여겨 이를 재산으로 여기는 것이 과연 옳은 일일까? 위 희극작가의 말을 다시 한 번 생각해 볼 일이다.

13

나라는 존재는 형상적인 요소와 질료적 요소로 구성되어 있다. 이들 요소들은 무(無)에서 생겨난 것이 아닌 것처럼 무(無)로 소멸되지도 않는다. 나를 구성하고 있는 모든 부분은 변화를 거쳐 우주의 한 부분으로 환원되고 그것은 다시 우주의 또 다른 부분으로 변할 것이다. 이 과정은 끊임없이 반복된다. 이 같은 변화의 결과로 내가 존재하는 것이며, 나를 낳으신 부모 또한 그러했고 무한한 과거로 거슬러 올라가도 그러했다.

14

이성과 이성의 행동은 그 자체로서, 또 그 활동에 있어서 충분한 힘을 가지고 있다. 이성은 원칙에 따라 설정된 목표를 향해 곧바로 나아간다. 그래서 이성에 따르는 행위를 올바른 행동이라고 하는 것이다.

15

인간으로서의 나에게 속하지 않는 것, 즉 인간의 본성에 어울리지 않는 것을 나의 것이라고 하지 말라. 그것들은 내게 필요한 것이 아니며 나의 본성이 약속한 것도, 나의 본성을 완성하는 데 필요한 것도 아니다. 또한 내 인생의 목적이 될 수 없으며, 그 목적을 성취하는 데 도움이 되지도 않는다. 그렇지만 만약 그것들 중 내가 선천적으로 타고난 것이 있다면 일부러 경멸하거나 반발할 필요는 없다. 또한 이것들이 좋은 것임에도 불구하고 그렇다고 인정하지 않는 것도 좋은 태도는 아니다. 그러나 이러한 것들, 혹은 이와 비슷한 것들을 제거하면 할수록, 그리하여 그것들 없이 살아갈 수 있다면 나는 그만큼 더 나은 사람이 될 것이다.

16

영혼은 생각에 물들기 마련이니, 내 영혼은 내가 습관적으로 하는 생각과 비슷할 것이다. 그렇다면 다음과 같이 생각하자.

사람이 살 수 있는 곳이라면 그곳이 어디든 바르게 살 수 있다. 그곳이 비록 호화로운 궁정일지라도 바르게 살 수 있는 것이다. 또 각각의 사물은 나름의 목적에 따라 만들어졌으며 그 목적을 향해 나아가고, 그 목적이 있는 곳에 그것의 장점과 선(善)이 있다.

이성이 있는 인간에게 지고의 선(善)이란 이웃과 서로 협력하는 것이다. 인간은 사회생활을 하도록 태어났다. 약자는 강자를 위해 존재하고 강자는 서로 돕기 위해 존재한다. 생명이 있는 것은 생명이 없는 것보다 우월하며, 생명이 있는 것 중에서는 이성을 가진 인간이 우월하다. 그러므로 인간은 서로를 위해 존재하는 것이다.

17

불가능한 것을 추구하는 것은 미친 짓이다. 어리석은 사람들은 미친 짓을 그만두지 못한다.

18

본성이 감당할 수 없는 일은 누구에게도 일어나지 않는다. 내게 일어났던 것과 똑같은 일이 다른 사람에게 일어났다고 하자. 그가 동요하지도 않고 해를 입지도 않는 것은 무슨 일이 일어났는지 잘 모르거나 자신의 기개를 과시하기에 열중하기 때문이다. 이렇게 때로는 무지와 허영이 지혜보다 강하다니, 안타까운 일이다.

19

사물은 영혼에 영향을 주지 못한다. 영혼의 영역에 들어가지도 못하거니와 영혼의 방향을 바꾸거나 움직이게 할 수도 없다. 영혼은 스스로 움직이며, 스스로의 기준으로 판단하고 모든 것을 처리한다.

20

내게 가장 가까운 존재는 인간이다. 그들에게 친절을 베풀고 참고 견뎌야 한다는 점에서 그러하다. 그러나 누군가가 나의 이성적인 행동에 방해가 된다면 그는 태양이나 바람, 야수와 마찬가지로 나와는 아무런 관계도 없는 존재가 되어 버린다. 그들은 내 행동에 방해가 될 수는 있겠지만 내 의지와 뜻은 막지 못한다. 나의 정신은 상황에 따라 적응하거니와 내 행동을 가로막는 장애물을 내게 도움이 되는 것으로 바꿔놓기 때문이다. 장애물은 오히려 내 행동의 촉진제가 된다.

21

만물을 지배하고 다스리는 우주의 본성을 존중하듯, 내 안에서 나의 삶을 지배하고 인도하는 이성을 존중할 것. 내 이성은 우주의 이성과 동일하다.

22

국가에 해가 되지 않는 것은 국민에게도 해가 되지 않는다. 누군가 내게 해를 끼치고 있다는 생각이 들 때에는 이 원리를 생각하라. 그러나 설사 누군가 국가에 해를 입히더라도 잘못한 사람에게 화를 내지 말고 어떤 생각 때문에 그가 잘못을 범했는지를 생각하라.

23

지금 존재하고 있는 것들과 곧 만들어질 것들의 시작과 빠른 변화를 거듭 생각해 보라. 사물은 영원히 흐르는 강물처럼 부단히 변화하고 있으며 원인 또한 계속해서 변화한다. 정지하고 있는 것은 아무 것도 없다.

내 바로 옆에는 과거와 미래라는 무한한 심연이 입을 벌리고 있어 모든 것이 그 속으로 사라져 버린다. 이렇게 덧없는 것들로 인해 빼기거나 괴로워한다면 얼마나 어리석은 짓인가? 그것들이 나를 괴롭히는 시간은 단지 한 순간에 불과한 것인데.

24

우주 전체를 놓고 볼 때 나는 극히 작은 일부에 지나지 않는다. 시간을 보아도 그러하여 내게 주어진 시간은 순간에 불과하다. 운명은 또 어떠한가? 나는 그저 미미한 한 조각일 뿐.

25

누군가 내게 해를 입힌다면, 그것은 내가 아니라 그 사람이 생각할 문제이다. 누구나 자신만의 기질이 있어 나름대로 행동한다. 내가 생각해야 할 것은 자연이 내게 주신 것을 과연 내가 받아들이고 있는가, 그리고 나의 본성이 원하는 대로 행동하고 있는가일 뿐이다.

26

우리를 인도하고 지배하는 영혼은 쾌락이든 고통이든 육체적인 감정에 좌우되어서는 안 된다. 영혼은 육체와 구별되는 자신의 경계를 지어야 하며, 감정 또한 자신의 영역을 지켜야 한다. 그러나 영혼과 일체를 이루면서 자연스럽게 일어나는 감정은 애써 누르려 하지 말라. 그것에 대해 이성으로 선악을 판단하려 하지도 말라.

27

신들과 더불어 살 것. 신과 함께 산다는 것은 언제나 운명에
만족하고, 자연이 주신 몫을 행하며 신성이 이끄는 대로 살
고 있음을 항상 신들께 보여주는 것이다. 이 신성이 각자의
보호자요 인도자이니 바로 영혼과 이성이다.

28

누군가의 겨드랑이나 입에서 악취가 난다고 그에게 화를 낸
다면 내게 돌아올 것이 무엇인가? 그의 입이 그렇고 그의
겨드랑이가 그런 것을. 악취를 풍기는 사람 또한 이성이 있
어 잠시 생각하면 타인의 기분을 알 수 있을 터인즉, 내게
있는 이성으로 그의 이성을 일깨우라. 그가 내 말에 귀를
기울이게 되면 그는 자신을 고칠 수 있을 것이니, 화를 낼
필요는 없지 않은가.

29

나는 내 생각대로 살 수 있다. 만일 사람들이 그 같은 생활

을 허용하지 않는다면 담담한 마음으로 세상을 떠나자. 집에 불이 나면 그곳을 떠나는 것이 당연한 일, 어찌 귀찮다 하리. 그러나 이 세상으로부터 내 등을 떠미는 것이 없는 한, 나는 자유로운 세입자가 되어 이 세상에 남을 것이다. 아무도 나의 선택을 막을 수 없다. 그리고 나는 이 사회의 이성적인 구성원으로 살 것을 선택하겠다.

30

우주의 본성은 사회적인 것이다. 우주는 강자를 위해 약자를 만들었고, 강자끼리는 서로 협조하도록 만들었다. 우주는 질서정연한 상하 관계와 협조 관계를 만들어 놓고, 모든 사물에게 각각의 몫을 나누어 줌으로써 조화를 이루도록 한 것이다.

31

이제껏 나는 신들에 대해 어떤 태도를 취했는가? 부모, 형제, 자녀, 스승, 친구, 친척, 노예들에게는 어떠했는가? 과연 호메로스가 말한 대로 "말이나 행동에 있어 누구에게도 결코 잘못한 적이 없었던가?"

내가 헤쳐 나왔던 모든 일, 또 내가 견디어낼 수 있었던 모든 일을 생각해 보고 내 생애가 이제 모두 끝난다고 생각해 보자. 나는 좋은 일을 얼마나 했는가? 쾌락과 고통을 멀리했던가? 남들이 명예로 여기는 일을 얼마나 무시하고 분별 없는 사람들을 얼마나 배려했던가?

32

지식도 지혜도 없는 영혼이 어떻게 지식과 지혜를 가진 영혼을 괴롭힐 수 있단 말인가? 그렇다면 지식과 지혜를 가진 영혼은 어떤 것일까? 처음과 끝을 아는 영혼, 모든 실체에 편재하며 주기에 따라 우주를 다스리는 이성을 아는 영혼이다.

33

머지 않아 나는 한 줌의 재와 해골로 변하고 이름만 남을 것이다. 그리고 그 이름조차 곧 사라질 것이다. 이름은 다만 공허한 메아리에 지나지 않는 것. 살아 있는 동안 내가 그토록 소중히 여겼던 것들도 모두 덧없고 하찮은 것들뿐이다. 인생은 강아지처럼 서로를 물어뜯는 것이고 웃다가도

금세 울음을 터뜨리는 아이들과 같은 것이다. 성실과 겸손, 정의와 진리는 오로지 신들의 세계에나 있는 것.

그렇다면 나를 아직까지도 이 지상에서 머뭇거리게 하는 것은 무엇인가? 감각의 대상은 쉽게 변하여 덧없으며, 감각 기관은 쉽게 착각을 일으킨다. 가엾은 내 영혼조차 피에서 생긴 증기에 지나지 않는 것. 이 세상의 명성이 무슨 의미가 있단 말인가.

소멸이든, 다른 세계로 옮겨가는 것이든 평온한 마음으로 나의 종말을 기다리자. 그때가 오기까지 내가 할 일은 오로지 신을 섬기고 찬양하며, 사람들에게 선행을 베풀며 에픽테토스의 가르침처럼 참고 견디는 것이다. 보잘것없는 내 육체와 호흡 이외의 모든 것은 내 것도 아닐 뿐더러 내 뜻대로 되지도 않는다.

34

바른 길을 걷고, 바르게 생각하고 행동하면 고요히 흐르는 물처럼 행복한 일생을 마칠 수 있다. 인간의 영혼은 신의 영혼과 닮아 어떤 것에도 방해받지 않고, 올바른 심성과 행동으로 욕망을 억제하는 것을 행복으로 삼기 때문이다.

35

내 잘못 때문이 아니고 그 잘못의 결과도 아니라면, 또 공공의 이익을 해치는 것도 아니라면 그 일로 괴로워하지 말라. 그런 일은 사회에도 해가 되지 않을 것이니.

36

경솔하게 사물의 외관에 이끌리지 말고 내가 할 수 있고 할 만할 일이라면 도움을 주자. 해야 할 일에만 노력을 집중할 일이다. 설령 선악과 무관한 일로 인해 손해를 입었어도 이를 손해라고 생각하지 말자. 그렇게 생각하는 것은 나쁜 태도이다.

사람들 앞에서 열변을 토하면서 혹시 그 연설의 참된 목적을 망각한 일은 없는가? 사람들이 원하는 말만을 들려준다면 나 또한 바보가 되고 말 것이다.

나도 한때 운이 좋은 시절이 있었다. 운이 좋다는 것은 스스로에게 좋은 선물을 주었다는 뜻이다. 그리고 좋은 선물이란 선한 영혼, 선한 욕구, 선한 행동을 가리킨다.

6장

1

우주의 실체는 유연하고도 온순하다. 그리고 그것을 지배하는 우주의 이성은 악을 가지고 있지도, 악을 행하지도 않는다. 그러므로 우주의 이성은 어떤 것에도 해를 입히지 않는다. 이 세상 모든 것이 이 우주의 이성에 따라 생성되고 완성된다.

2

지금 하고 있는 일이 옳다면 춥든 덥든, 눈이 감기든 숙면을 취해 정신이 맑든, 칭찬을 받든, 또 죽음이 다가오든, 다른 어떤 일이 닥쳐오든 개의치 말라. 모든 것은 삶의 과정이며, 죽음 또한 삶의 한 과정이다. 지금 눈앞에 닥친 일에 최선을 다한다면 그것으로 충분하다.

3

내면을 보라. 사물의 외관에 이끌려 그것의 가치와 특별함을 놓치지 말라.

4

현존하는 모든 사물은 빠르게 변화한다. 우주의 실체가 정말
로 하나라면 그것들은 기화되거나 분산되어 사라질 것이다.

5

우주를 지배하는 이성은 자신의 성질과 자신이 하는 일,
그리고 자신이 사용할 재료가 무엇인지를 잘 알고 있다.

6

최선의 복수는 악을 행한 사람과 똑같이 되지 않는 것이다.

7

언제나 신을 생각하고 사회에 공헌하는 가운데 즐거움과 휴
식을 느낄 것.

8

이성은 스스로 각성하고 방향을 잡는다. 이성은 원하는 대
로 자기 자신을 만들 수 있으며, 모든 일을 자신이 원하는
방향으로 일어나게 할 수 있다.

9

모든 것은 우주의 본성에 따라 완성된다. 왜냐하면 본성을 외부에 가졌건, 내부에 가졌건, 따로 떨어져서 가졌건 또 다른 우주의 본성이라는 것은 없기 때문이다.

10

우주는 사물들이 어지럽게 뒤엉켜 있거나 분산되어 있는 것이다. 그것이 아니라면 우주는 질서와 섭리가 지배하는 통일체일 것이다. 만약 전자라면 우연하고 무질서한 사물들의 혼란 속에 구태여 머물고 싶어할 까닭이 있을까? 다시 흙으로 돌아가는 것 말고 해야 할 일이 무엇이란 말인가. 무슨 일을 하든 나는 결국 분산되어 사라져버리고 말 것인데. 그러나 만약 후자가 맞는다면 나는 우주를 지배하는 질서와 섭리를 믿고 따르며 이 땅 위에서 굳건히 살아가리라.

11

주변 상황으로 인해 어쩔 수 없이 마음이 혼란스러워질 때는 빨리 자신으로 돌아가라. 필요 이상으로 혼란 상태에 빠져서는 안 될 것이니, 끊임없이 자신에게 되돌아감으로써 마음의 평정을 찾을 일이다.

12

내게 계모와 생모 두 분이 모두 생존해 계시다면, 계모를
지극히 섬기면서도 마음은 언제나 생모에게 가 있을 것이
다. 지금 내 입장이 바로 그러하니 궁전은 계모에, 철학은
생모에 비교할 수 있다. 자주 철학으로 돌아가 그 속에서
휴식을 취하자. 그러면 궁전 생활도 수월해질 것이고 더 나
은 황제가 될 수 있을 것이다.

13

그대는 식탁 위에 놓인 고기와 음식을 보면서 무슨 생각을
하는가. 그것들은 물고기, 새, 또는 돼지의 시체이다. 팔레르
누스산 포도주는 작은 포도알에서 짜낸 즙이며 자줏빛의 이
옷은 조개의 피로 염색한 양털에 불과하다. 또한 성교는 성
기의 마찰과 경련에 따른 점액의 배출일 뿐이다. 사물을 대
할 때마다 이처럼 사물의 핵심에 들어가 그 본질을 꿰뚫어
보라. 인생의 모든 것에 대해서도 이와 같이 하라. 아주 그
럴듯해 보이는 것에 대해서도 껍데기를 벗겨 그 무가치함을

밝히고 그것에 대한 칭찬들이 잘못되었음을 깨달아야 한다. 허세와 과장은 이성을 교란시킨다. 지금 내가 하는 일은 아주 중요한 것이라는 확신이 들 때야말로 이성이 속임수에 걸려들기 가장 쉬운 때이다.

14

대부분의 사람들은 돌, 나무 혹은 무화과나무, 포도나무, 올리브같이 가장 일반적인, 단순한 무생물이나 자연물을 찬양한다. 이들보다 조금 더 이성적인 사람들은 양떼나 소떼처럼 삶을 위해 결속된 생명체를 찬양한다. 그들보다 더욱 지적인 사람들은 이성적 영혼을 가진 사람들을 찬양한다. 그러나 그들 역시 아직은 어떤 기술에 능통하거나 재능이 있는 사람, 또는 많은 노예를 소유하고 있는 사람을 찬양할 뿐이다.

그러나 보편적이고 사회생활에 적합한 이성을 가진 영혼을 소중히 여기는 사람들도 있다. 이들은 이성적이며 공익에 도움이 되는 삶을 살기 위해 자신의 영혼을 순화하고, 이 같은 목적을 위해 자신과 동류인 사람들과 서로 협력하는 것을 중요시한다.

15

어떤 것은 빠르게 생성되고 어떤 것은 빠르게 소멸된다. 새로 생겨나는 것에도 이미 소멸되는 부분이 있다. 끊임없이 이어지는 시간으로 인해 시간이 언제나 새로운 것처럼, 운동과 변화 때문에 세상은 항상 새롭다. 그 어떤 것도 잠시 머물 수 없는 이 흐름 속에 과연 무엇이 가치 있단 말인가? 그것은 마치 날아가는 새를 사랑하려는 것과 마찬가지이다. 사랑하려는 순간 새는 이미 시야에서 사라진다.

인간의 삶 또한 이와 같다. 매순간 공기를 들이마시고 다시 내뱉는 것은 어제, 아니 태어나는 그 순간 받은 호흡의 능력을 그것을 주었던 대기에 되돌려주고, 흙으로 혹은 공기로 되돌아가는 것과 다름이 없다.

16

식물처럼 숨쉬고 가축이나 들짐승처럼 호흡하는 것은 아무런 가치도 없다. 감각을 통해 느끼거나, 충동에 끌려 다니거나, 본능적으로 무리를 지어 다니거나, 음식을 섭취하는 것 모두 찌꺼기를 배설하는 것만큼이나 가치 없는 일이다. 박수 갈채를 받는 것도, 입에 발린 찬사를 듣는 것도 중요하지 않다. 명예니 명성이니 하는 것을 추구하는 것도 덧없는 일이다. 그렇다면 가치 있는 일은 과연 무엇일까? 그것은 스스로의 본성에 따라 움직이고 자제하는 것이다. 모든 일과 기술에는 본래의 목적이 있다. 기술의 목적은 만들어진 물건이 목적에 알맞는 기능을 갖도록 하는 것이다. 포도나무를 돌보는 농부, 말이나 개를 훈련시키는 조련사 또한 이같은 목표를 추구한다. 사람을 교육하고 훈련하는 것 또한 그러하다. 만일 내가 제대로 된 교육을 받았다면 나는 내 본성에 따라 움직이는 것 이외의 다른 것에는 눈을 돌리지 않을 것이다.

아직도 소중히 여기는 야망이 있다면 모조리 던져 버리자. 그렇지 않으면 나는 결코 자유롭지도, 행복하지도, 고뇌에서 벗어나지도 못할 것이다. 남들이 내 것을 가로채지나 않을까 하여 의심하고, 한편으로는 이같이 소중한 것을 가진 사람들에게서 그것들을 빼앗기 위해 음모를 꾸밀 것이기 때문이다. 그러다가 마침내는 불안한 마음으로 신을 비난하게 될 것이다. 그러나 본성을 존중하면 마음의 평정을 찾고 사람들과 조화를 이루며, 신께서 주신 모든 것을 기꺼이 받아들이게 될 것이다.

17

원소는 위로, 아래로 또는 원을 그리며 운동한다. 그러나 덕은 그렇지 않다. 덕은 더욱 신성한 것이어서 보이지 않는 길을 따라 기쁜 마음으로 자신의 길을 간다.

18

인간의 행동은 어리석기 그지없다. 지금 바로 이웃에서 더불어 살아가고 있는 사람들을 격려하지는 않고, 본 적도 없고 볼 수도 없는 후세 사람들의 칭찬을 받으려고 애쓰고 있으니 말이다. 이는 전 시대의 사람들로부터 칭찬받지 못함을 한탄하는 것과 다르지 않다.

19

내게 어려운 일이라고 해서 다른 사람에게도 어려울 것이라고 생각하지 말라. 그리고 다른 사람이 할 수 있다고 해서 나 또한 할 수 있을 것이라고 속단하지도 말라.

20

운동 연습 중에는 상대방의 손톱에 긁히기도 하고 머리를 부딪쳐 상처를 입기도 한다. 그렇다 해도 상대에게 화를 내거나 미움을 품지 않을 것이며, 그가 악의를 가졌다고 생각하여 적으로 여기지는 않을 것이다. 다만 상대를 경계하여 조용히 그 공격을 피하려 할 것이다.

사는 것도 이와 마찬가지다. 상대방을 의심하지도, 미워하지도 말고 늘 관대한 마음으로 대하라. 그러면 어떤 공격도 피할 수 있다.

21

누군가가 나의 잘못된 행동이나 생각을 지적하여 납득시킨다면 나는 기꺼이 태도를 바꾸리라. 나는 진리를 추구하고 있으며, 진리는 누구에게도 해를 입히지 않는 법. 자기의 오류와 무지를 고집하는 것이야말로 남에게 해를 입히는 태도이다.

22

나는 오로지 나의 의무를 수행할 뿐, 그 밖의 일로는 내 마음을 흐트러뜨리지 않으리라. 그것들은 생명이 없고 이성에 어긋나는 것이거나, 올바른 길을 알지 못한 채 방황하고 있기 때문이다.

23

이성이 없는 동물과 사물에 대해서는 아량과 너그러움으로
대하라. 내게는 그들에게 없는 이성이 있지 않은가. 나처럼
이성이 있는 사람들을 대할 때는 동료애로 대하라. 그리고
어떤 경우에든 신께 도움을 구하고, 기도하는 그 시간이 길
어짐을 걱정하지 말라. 아무리 길어도 세 시간 안에 끝내지
못할 기도는 없을 터이니.

24

알렉산드로스 대왕도, 그의 마부도 죽은 뒤에는 같은 신세
가 아닌가. 둘 다 우주의 생성 원리에 귀속되었거나, 아니면
원소로 분해되었거나.

25

똑같은 순간에 우리들 각자의 영혼과 육체에 얼마나 많은
일이 일어나고 있는가? 그렇다면 하나이면서 전체인 것, 즉
우리가 우주라고 부르는 것 속에 우주가 만든 모든 것들이

동시에 존재한다 하더라도 놀랄 일은 아니다.

26

누군가 안토니누스의 철자법을 묻는다면 그대는 어떻게 하겠는가? 큰 소리로 한 글자씩 말해 주었는데도 상대방이 화를 낸다면 또 어떻게 할 것인가? 조용히 한 글자씩 다시 한 번 불러줄 수 있겠는가?

그대가 해야 할 일은 이렇게 여러 단계가 있는 것이다. 그러므로 그대 앞에 닥친 일을 질서 정연하게 처리할 일이다. 상대방이 화를 낸다고 하여 동요할 것도 없고 같이 화를 낼 것도 없다.

27

내게 적합하고 유익하다고 생각되는 일을 하려는데 누가 막는다면 그보다 더 잔인한 일은 없을 것이다. 그렇다고 하여 그 사람에게 화를 낸다면 어떤 의미에서는 내가 그를 막는 것이 된다. 그 또한 자신에게 적합하고 유익한 것이라 판단했기에 그런 행동을 한 것이기 때문이다. 남이 잘못했을 때에는 화를 내지 말고 그들을 타이르고 깨우쳐야 할 것이다.

28

죽음은 감각을 통해 느끼는 인상, 꼭두각시처럼 나를 조종하는 욕망, 갈피를 잡을 수 없는 생각, 그리고 고단한 육체 노동으로부터의 해방이다.

29

육체가 아직 굴복하지 않았는데 정신이 먼저 굴복한다면 이는 매우 수치스러운 일이다.

30

내 아무리 황제라 하나 허세를 부리거나 권력의 달콤함에 물들지 않도록 조심해야 한다. 소박하고 선량하고 순수하고 진지하게, 허세를 부리지 말 것이며, 정의의 편에 서서 친절하고 자애롭게 행동하되, 의무는 지켜야 한다. 철학이 지향하는 인간이 되고자 끝없이 노력하며, 신을 섬기고 나의 형제이며 동료인 이웃들을 도와야 한다. 인생은 순간에 불과한 것. 이 세상에서 맺을 수 있는 유일한 열매는 경건한 태도와 사회적 활동뿐이다.

일을 처리할 때는 양아버지 안토니누스 피우스의 가르침

을 그대로 본받아야 한다. 이성에 따른 행동만을 고집했던 지조, 만사를 공평하게 처리하려는 마음가짐, 경건함, 온화한 표정, 친절한 태도, 헛된 명성을 경멸하던 자세, 사물을 이해하려는 노력 등. 그는 어떤 것이든 그냥 지나치는 법이 없이 면밀히 검토하여 결국에는 분명하게 이해하고야 말았다. 또한 부당하게 자신을 비난하는 사람들에게 반박하지 않고 참았으며, 매사에 서두르는 법이 없었고, 남들의 모함에 귀기울이지 않았다. 그는 또한 사람들의 태도와 행동을 정확히 파악했으나 결코 그들을 비난하지 않았다.

또한 그는 소심하지 않았으며 남을 의심하거나 소피스트도 아니었다. 집, 침대, 옷, 음식, 하인에 대해서도 최소한의 것으로 만족했으며, 부지런하고 참을성이 많았다. 간소한 식사로 저녁까지 견디었고 정해진 시간이 아니면 화장실에 가는 일도 없었다. 그의 우정은 확고하고 변함이 없었으며 자신에게 반대하는 자에게도 말할 수 있는 자유를 주었다. 누구라도 좋은 의견을 내면 기꺼이 받아들였고 종교적인 삶을 살면서도 결코 미신에 빠지지 않았다.

이 모든 태도를 본받아, 죽음의 순간이 오더라도 나 또한 그가 그랬던 것처럼 당당하게 맞으리라.

31

정신을 맑게 하고 자기 자신을 찾을 것. 잠에서 깨어나 나를 괴롭힌 것이 단지 꿈이었다는 것을, 그리고 지금 깨어 있는 이 순간 나를 둘러싸고 있는 이것들 또한 꿈에 지나지 않는다는 사실을 깨달을 것.

32

나는 육체와 정신으로 되어 있다. 육체는 사물의 가치를 분별할 수 없으므로 어떤 사물이든 육체에 대해서는 선도 악도 아니다. 그러나 영혼은 모든 것을 분별할 수 있는 능력이 있어 선악을 분별한다. 다만 현재와 관련된 것에 대해서만 그러하며, 현재와 아무런 상관이 없는 과거와 미래의 일은 그러므로 선도 악도 아니다.

33

발이 해야 하는 일을 발이 하고 손이 해야 하는 일을 손이 하는 한, 손이나 발로 하는 노동은 자연에 어긋나지 않는다. 이와 마찬가지로 인간이 해야 하는 일을 인간이 하는 한, 그의 노동은 자연에 어긋나지 않는다. 또한 인간의 노동이 그의 본성에 어긋나지 않는 한, 그의 노동은 인간에게 해가 되지 않는다.

34

강도, 존속 살해자, 혹은 폭군은 얼마나 엄청난 쾌감을 느끼기에 그 같은 짓을 저지르는가!

35

장인은 기술이 서툰 사람들과도 어느 정도까지는 보조를 맞춘다. 그렇지만 그는 어디까지나 자신이 세워놓은 기술의 원리를 고수하고 그것에서 벗어나지 않는다. 건축가나 의사가 그와 같이 신이 인간에게 부여한 이성보다 자신이 가진 기술의 원리를 더 존중한다면 이는 참으로 개탄할 일이다.

36

아시아도 유럽도 우주의 한 점에 지나지 않으며, 지구의 바다를 모두 합쳐봐야 우주의 물 한 방울에 불과하다. 아무리 험준한 산이라도 우주에 비하면 작은 흙덩어리일 뿐이며, 아무리 긴 시간도 영원에 비하면 순간에 불과하다. 이 세상 모든 것은 변화하여 끝내는 소멸한다. 그리고 이 모든 것이 우주의 이성으로부터 생성되었다. 사자의 쩍 벌린 입이나 치명적인 독약, 가시와 진흙처럼 해를 끼칠 수 있는 것들도 장엄하고 아름다운 자연에서 나온 것들이다. 이러한 것들 모두 내가 소중히 여기는 것들과 다르지 않을 것이니 만물의 근원에 대해 올바른 견해를 가져야 하리라.

37

현재 존재하는 사물을 본다는 것은 무한한 과거에 일어났던 모든 일과 앞으로 영원히 존재하게 될 것을 모두 보는 것과 같다. 만물은 동류이며 동일한 형상을 가졌기 때문이다.

38

우주 속에 존재하는 만물의 유대 관계와 이들 간의 상호 관계에 대해 때때로 생각하라. 만물은 서로에게 친숙한데, 이 것은 생성의 원리에 따라 질서정연하게 주기적으로 연속되어 발생하기 때문이다.

39

운명이 그대의 몫으로 정해 놓은 환경에 순응하라. 운명적
으로 그대의 동료로 정해진 사람들을 진심으로 사랑하라.

40

도구, 연장, 그릇 등은 만들어진 용도에 따라 쓰이면 그것으
로 충분하며 그것을 만든 인간은 그 속에 존재하지 않는다.
그러나 자연이 만든 모든 것에는 그것을 만들어낸 힘이 내
재하여 줄곧 그 안에 함께 머물고 있다. 그러므로 그 힘을
존중하고 그것이 이끄는 대로 행동하면 내게 속한 모든 것
이 자연의 섭리에 따르게 된다. 만물이 자연의 섭리에 따르
는 것 또한 이와 같은 이치이다.

41

내 뜻대로 할 수 없는 일에 대해 선악을 판단해서는 안 된
다. 악이라고 판단되는 일이 일어나거나 선으로 생각되는
일이 사라지면 신을 원망하게 되기 때문이다. 또한 불행을
가져오거나 행복을 앗아가게 한 사람들도 원망하게 된다.
이와 같이 내 마음대로 되지 않는 일에 대해 선악을 구별하

면 많은 오류를 범하게 된다. 오로지 자신의 뜻대로 할 수 있는 것에 대해서만 선악을 가린다면 신을 원망하거나 남들에게 적대감을 품을 이유가 없어진다.

42

인간은 모두 한 가지 목적을 이루기 위해 협력하고 있다. 그것을 의식하면서 협력하는 사람이 있는가 하면, 자신이 무엇을 하는지도 모르는 채 협력하는 이도 있다. 헤라클레이토스는 "잠자는 사람도 우주의 섭리를 실현하는 협력자"라고 말한 바 있다.

사람들은 제각기 다른 방법으로 협력한다. 심지어 세상일을 비난하고 반대하고 방해하는 사람들조차도 우주의 섭리에 적극적으로 협력하고 있는 것이다. 우주에는 이런 사람들도 필요하다. 중요한 것은 어떤 종류의 협력자가 될 것인가를 생각하는 일이다. 어떤 종류의 일꾼이든 만물을 다스리는 신은 나를 협력자로 받아들이고 이용할 것이다. 그러나 크리시포스의 말처럼 "극중의 천한 어릿광대" 역할은 맡지 않아야 할 것이다.

태양이 비의 역할을 하고, 의술의 신인 아스클레오피스가 대지의 신 데메테르의 일을 할 수 있는가? 그런데 별들은 어떠한가? 별들은 서로 영역이 다르지만 동일한 목적을 위해 협력하고 있지 않는가?

신이 나에 대해, 그리고 내게 일어날 일에 대해 미리 정해 놓으셨다면 그것은 틀림없이 현명한 것이리라. 신은 내게 해로운 일이 일어나길 원치 않을 것이다. 나를 해치는 일이 신에게, 또는 신이 섭리하는 우주에 무슨 득이 될 것인가?

만일 신이 나를 위해 아무 것도 정해 놓은 것이 없다면, 적어도 우주를 위해서는 어떤 결정을 내렸을 것이니, 무엇이 되든 그 예정된 결과를 기꺼이 받아들이리라. 그러나 생각하기조차 불경스런 것이지만, 신이 아무런 결정도 내리지 않았다면 재물도 바치지 않고 기도도 드리지 않고 신의 이름으로 맹세하지도 않으리라. 또한 신이 현존하여 나와 함께 살고 있다고도 믿지 않으리라.

신이 내 운명에 관심이 없어 아무 것도 예비하지 않았다면 나 스스로 나에 대해 결정하고 내게 유익한 것을 추구하리라. 나의 본성에 따르는 것은 모두에게 유익한 것이기도 하니까. 나의 본성은 이성적이고 사회적이다. 양아버지 안토니누스 피우스를 내 아버지로 섬기는 이상 내 조국은 로마이고, 인간으로서 나의 조국은 우주이다. 로마와 우주에 유익한 일을 하는 것만이 내게는 선이다.

45

우리에게 일어나는 일은 모두 우주를 위한 일이다. 그것으로 충분하다. 그리고 자세히 보면 한 사람에게 유익한 것은 나머지 사람들에게도 유익하다. 물론 여기에서 유익하다는 의미는 선악을 가릴 수 없는 사물에까지도 적용되는 것으로, 보다 포괄적인 의미다.

46

원형극장에서 똑같은 구경거리를 반복하여 보노라면 그 비슷함에 진저리가 난다. 우리의 인생도 대개는 그러하여 동일한 것의 연속일 뿐. 대체 언제나 끝날 것인지.

47

천하를 호령하던 로마의 황제, 헤라클라이토스, 피타고라스, 소크라테스 같은 위대한 철학자, 도도한 웅변가, 영웅과 장군들, 재주 많고 자신감에 넘치는 천재들과 위대한 사상가. 죽어서 이름조차 남기지 못한 사람들과 마찬가지로 그들 또한 자연의 이치에 따라 땅 속에 묻힌 지 이미 오래다.

인생에서 오직 하나 가치 있는 것이 있다면 진실하고 바르게 살아가는 것, 그리고 말과 행동이 부정한 사람들에게도 관용을 베푸는 것이다.

48

마음이 즐거워지려면 나와 더불어 사는 사람들의 장점을 생각하라. 이를테면 누군가는 적극적이고, 누군가는 겸손하고, 또 누군가는 한없이 도량이 넓고…… 실의에 빠져 있을 때 이웃 사람의 태도에서 풍겨 나오는 가지가지의 미덕을 생각하는 것보다 위안이 되는 것이 또 어디 있을까? 이런 사람들을 늘 지켜볼 일이다.

49

체중이 100킬로그램을 넘지 않는다고 속을 끓이는 사람은 아무도 없을 것이다. 이와 마찬가지로 운명으로 정해진 수명보다 더 오래 살 수 없다고 하여 한탄할 것은 없다. 자신의 무게에 만족하듯 주어진 시간에도 만족할 일이다.

50

설사 상대방이 내키지 않아 하더라도 그것이 정의로운 일이라면 그를 설득해 보라. 이때 누군가 힘으로 저항하면 조용히 물러나되, 그 장애물을 내가 가진 다른 미덕을 발휘하는 기회로 삼자. 애초부터 불가능한 것을 목표로 삼았던 것은 아니었잖은가? 그렇다면 무엇을 원했던가? 노력을 한 것으로 충분하다. 그것으로 내 존재의 목적을 이룬 것이다.

51

야망이 있는 사람은 자신의 행복을 위해 상대방을 이용하고 쾌락을 탐하는 자는 자신의 감각을 이용한다. 그러나 이성을 가진 사람은 자신의 행동에서 행복을 찾는다.

52

눈앞에 있는 이것에 대해 나는 굳이 판단을 내리거나 그로 인해 마음이 흔들릴 필요가 없다. 사물에는 내게 판단을 강요하는 힘이 없기 때문이다.

53

다른 사람의 말을 신중하게 듣는 버릇을 기를 것. 될 수 있는 한, 말하는 사람의 마음으로 들을 것.

54

벌집에 좋지 않은 것은 벌에게도 좋지 않다.

55

선원이 선장을 모함하고 환자가 의사를 비난한다면 대체 누구의 말을 들으란 말인가? 선장이 아니라면 누가 선원의 안전을 지켜줄 것이며, 의사가 아니라면 그 누가 환자의 병을 치료한단 말인가?

56

황달병에 걸린 사람은 꿀을 쓰다 하고, 미친개에게 물린 사람은 물을 무서워한다. 그런데 왜 나는 화만 내는 것일까? 잘못된 생각은 황달병 환자의 담즙이나 미친 개의 독보다 더 무서운 것이거늘.

57

그 누구도 내가 나의 본성에 따라 사는 것을 방해하지 못한다. 또한 자연의 법칙에 어긋나는 일은 내게 결코 일어나지 않는다.

58

아첨은 부질없는 짓. 무엇을 위해, 어떤 방법으로, 누구에게 아첨을 한단 말인가. 모두들 한 순간에 사라질 존재에 불과한 것을. 나와 함께 이 세상에 태어난 사람들 중에 얼마나 많은 사람들이 이미 이 세상을 떠나갔는가. 그리고 지금 이 순간에도 얼마나 많은 사람들이 사라지고 있는가.

7장

1

악 또한 우리가 지금까지 수도 없이 보아온 것으로 다른 모든 것들처럼 악도 되풀이된다. 하늘과 땅, 어디를 보아도 똑같은 것들이 있을 뿐이다. 고대와 현재, 모든 국가와 가정에도 같은 일들이 일어난다. 태양 아래 새로운 것은 없다. 모든 것은 예로부터 있었던 것이거니와 순간적인 것이기도 하다.

2

지혜는 그것이 비롯된 최초의 인상이 완전히 없어지지 않는한 소멸되지 않는다. 그 최초의 인상이 사라지지 않도록 새로운 불길을 불어넣는 것이 나의 의무다. 내게 사물을 바르게 볼 수 있는 능력이 있는 한, 조바심을 낼 이유가 없다. 나의 이해력을 넘어선 사물은 이해할 필요가 없는 것으로 나와는 상관없는 일이다. 최초의 관점에서 사물을 다시 보는 것으로 새로운 삶을 시작하자.

3

겉치레만 요란한 행사, 무대 위의 연극, 양떼와 소의 무리,

창 던지기, 개에게 던져준 뼈다귀 하나, 어항 속에 넣어준 빵 부스러기, 등에 먹이를 지고 가는 부지런한 개미, 우왕좌왕하는 겁먹은 생쥐, 실에 묶여 조종되는 꼭두각시 인형 ─ 이것이 인생이다. 이것들 속에서 당당히 일어서되 거드름은 피우지 말라. 각자의 가치는 스스로 추구하는 목표에 따라 결정된다는 것을 잊지 말라.

4

토론할 때에는 상대방의 말을 경청하고, 행동할 때에는 자신이 무엇을 하고 있는지 똑똑히 의식하라. 토론에서는 요점이 무엇인지 확실히 파악하는 것이 중요하고, 행동에서는 그 목표가 무엇인지를 분명히 하는 것이 중요하다.

5

내게 어떤 일을 할 수 있는 능력이 있다면, 나는 자연이 내게 주신 판단력을 그 일에 사용하겠다. 그러나 그런 능력이 없다면 나보다 그 일을 더 잘 할 수 있는 사람에게 일을 양보하겠다. 아니면 누군가 사회에 적절하고 유익한 일을 할 수 있는 사람의 도움을 받아 최선을 다해 처리하겠다. 혼자

서 하든 다른 사람의 도움을 받든, 노력을 기울여야 할 것
은 사람들과 조화를 이루어 사회에 유익한 일이 되게 하는
것이다.

6

남의 도움을 받는다고 부끄러워하지 말라. 적지를 공격하는
병사처럼 내게 주어진 의무를 다하는 것이 내가 할 일이다.
부상 때문에 혼자 힘으로 성벽을 오를 수 없다면 전우의 도
움을 받아서라도 올라가라.

7

미래의 일로 걱정하지 말라. 지금 내 눈앞의 일을 처리하고
있는 바로 그 이성이 미래의 일도 훌륭히 처리할 것이다.

8

우주의 만물은 신성한 유대로 서로 연관되어 있다. 다른 것
과 따로 떨어져 존재하는 것은 하나도 없다. 모든 것이 미
리 정해진 법칙에 의해 서로 결합하여 질서정연한 우주를
형성하는 것이다. 이 모든 것으로 이루어진 우주는 하나이

며, 만물에 내재하는 신도 하나요, 실체도 하나, 법칙도 하나이다. 인간의 이성도 하나, 그 진리도 하나이다. 인간이 모두 동류로서 동일한 이성을 가지고 있다면 우리가 추구해야 할 진리도 하나이다.

9

물질은 모두 순식간에 우주의 실체로 사라져 버린다. 그것을 만든 생성의 원인 또한 모두 순식간에 우주의 이성으로 되돌아가고 만다. 그리하여 물질에 대한 기억은 순식간에 영원한 시간 속에 묻혀 버리고 마는 것이다.

10

이성을 가진 인간에게 있어 이성에 따르는 행동은 곧 자연에 따르는 행동이다.

11

매사에 곧고 의연하게 처신하라. 혼자 힘으로 안 된다면 남의 힘을 빌려서라도 그렇게 할 일이다.

12

신체의 각 부분이 결합되어 육신을 이루는 것처럼 인간들도 서로 협력하게끔 만들어져 있다. 내 몸의 팔과 다리를 내게서 떼어놓을 수 없듯이 나 자신 또한 이 사회와 떨어질 수 없음을 자각할 때 이 같은 유대 관계는 더욱 선명하게 인식된다. 이런 자각이 없는 사람은 아직 남을 진실로 사랑할 줄 모르는 사람이다. 그런 사람은 좋은 일을 하고도 기쁨을 느끼지 못할 것이니 그저 의무에서 행한 것일 뿐 스스로 우러나서 한 것이 아니기 때문이다.

13

남들이 무슨 말을 하든, 또 무슨 행동을 하든 늘 바른 태도를 견지하라. 에메랄드는 세상 사람들의 평판에 관계없이 보석으로서의 가치와 빛깔을 변함없이 지니고 있다. 금도, 자수정도 모두 그렇지 않은가?

14

이성은 결코 스스로 흔들리지 않는다. 스스로 굴복하거나 욕망에 휘둘리지 않는다는 뜻이다. 설사 이성을 협박하거나 괴롭힐 수 있는 일이 생기더라도 개의할 것 없다. 스스로의 선택으로 이성이 흔들리는 일은 결코 없기 때문이다. 반면, 육체는 손상을 입지 않도록 스스로 조심하게 하고, 상처를 입으면 고통을 표현하도록 하라. 그러나 이성은 두려움과 고통이 다만 관념에 불과하다는 것을 알고 있기에 아무런 해도 입지 않는다. 이성은 그릇된 판단을 내리지 않기 때문이다. 스스로 자신을 괴롭히거나 방해하지 않는 한, 이성은 괴로울 것도 방해를 받을 것도 없다.

15

행복은 어원으로 보면 선한 신성, 즉 선한 이성이다. 그런데 허망한 망상이여, 왜 여기 있는가? 망상이여, 나 그대를 원치 않노니 부디 그대가 살던 곳으로 돌아가거라. 그대가 이리로 온 것은 그저 오랜 습관일 뿐, 나 그대에게 화내지 않으리니 빨리 떠나가거라.

16

변화를 두려워하지 말라. 변화 없이 이루어지는 일은 없다. 자연에 있어 변화보다 더 만족스럽고 적합한 것은 없다. 장작이 타지 않는다면 뜨거운 물로 목욕을 할 수 없으며, 음식이 변하지 않는다면 영양을 취할 수 없다. 변화하지 않고 유익한 것이 될 수는 없는 법. 나 또한 변화하니, 이는 우주의 필연적인 과정이다.

17

급류에 떠내려가듯 모든 사물은 우주의 실체에 실려 흘러간다. 우리들 인간 또한 우주의 섭리에 따르는 것이다. 크리시포스, 소크라테스, 에픽테토스 같은 인물들이 모두 시간의 심연 속으로 사라졌다. 모든 사물, 모든 사람에 대해 이와 같이 생각하라.

18

내가 염려하는 것은 오직 하나뿐. 그것은 내 본성이 원하지 않는 일을 그 본성이 원하지 않는 방향으로 하는 것이다.

19

잘못을 저지른 사람들까지 사랑하는 것은 인간만이 할 수 있는 일이다. 그들 모두가 나와 다르지 않은 인간이며, 무지로 인해 자신도 모르는 사이에 잘못을 저질렀을 뿐 머지않아 그들도 나도 죽게 될 것이라는 진리를 깨달으면 그들을 사랑할 수 있으리라. 또한 무엇보다도 그들은 내게 아무런 해도 입히지 않은 것이다. 그들의 잘못으로 인해 나의 이성이 전보다 나빠지는 일은 결코 없을 터이니.

20

자연은 마치 흙으로 도자기를 빚듯 우주의 실체로부터 말을 빚어내는가 하면, 그것을 해체하여 다시 나무를 빚는다. 그 다음에는 인간을 빚고, 또 다른 것을 만들어낸다. 이것들 모두 아주 잠시 동안만 이 세상에 머무를 뿐이다. 도자기로 보자면 깨지든 만들어지든 괴로울 것이 없다.

21

찡그린 얼굴은 자연스럽지도 않으려니와 자연의 섭리에도 어긋나는 것. 얼굴을 자주 찡그리다 보면 아름다움은 조금씩 사라지다 결국은 완전히 없어져 예전의 아름다움을 다시는 돌이킬 수 없게 된다. 스스로의 잘못을 깨닫지 못한다면 더 이상 살아야 할 이유가 없는 것.

22

자연은 지금 내 눈앞에 보이는 모든 것을 해체하고 그것을 재료로 하여 다른 것을 만들어낸다. 그리고 그것들로부터 다시 새로운 것을 만들어내니, 이 세상은 늘 새롭다.

23

누군가가 잘못을 저질렀을 때에는 그가 선악을 어떻게 구별하기에 그렇게 했는가를 생각해 보자. 그것을 이해하면 놀라움도 화도 가라앉고 그를 동정하게 될 것이다. 나 또한 그가 저지른 잘못이나 그와 비슷한 행동을 선으로 생각할 수 있으니, 기꺼이 그를 용서하게 될 것이다. 더 나아가 그 같은 일에 대해 선악을 판단하지 않는 경지가 되면 상대방을 더 쉽게 용서할 수 있을 것이다.

24

지금 내게 없는 것을 탐하지 말자. 그보다는 지금 내게 있는 좋은 것을 소중히 여길 일이다. 그것마저 없었다면 난 얼마나 그것을 갈망했을 것인가. 그러나 지금 내가 가지고 있는 것에 집착하여 과대평가한 나머지, 그것을 잃게 될 경우 마음의 평화를 잃어서도 안 될 것이다.

25

나 자신으로 돌아갈 것. 나의 이성이 바라는 것은 올바른 일을 하여 마음의 평화를 얻는 것뿐이다.

26

망상을 버려라. 더 이상 감정의 노예가 되지 말라. 오로지 현재에 충실하라. 그리고 나와 타인에게 일어나는 일을 제대로 이해하도록 하라. 임종의 순간을 생각하라. 다른 사람의 과오는 그들의 몫으로 남겨두고 개의치 말라.

27

사람들의 말에 주의를 기울여라. 무슨 일이 일어났는지, 누가 그 일을 하고 있는지 확실히 이해하라.

28

자신의 뜻대로 되지 않는 것에 관심을 두지 말고 소박하고 겸손하라. 이웃을 사랑하고 신에게 복종하라. 데모크리토스는 법칙이 만물을 지배한다고 말한 바, 그것만을 명심하면 충분하리라.

29

죽음에 대하여.

만약 이 세상이 원자의 집합체라면 죽음은 분산.

만약 이 세상이 하나의 통일체라면 죽음은 소멸, 혹은 변화.

30

고통에 대하여.

참기 어려운 격통은 생명을 빼앗을 수도 있으나 오래 지속되는 고통은 오히려 참을 만하다. 이성은 육체에서 초연해져 평정을 유지하므로 육체의 고통으로 인해 손상되지 않는다. 그러나 고통으로 괴로워하는 육체는 애써 그 아픔을 참지 말고 고통을 호소하도록 하라.

31

명성에 대하여.

명성을 구하는 사람들의 영혼을 보라. 무엇을 피하고 무엇을 추구하는가? 오늘 일은 내일이 되면 잊혀지고 만다. 마치 모래더미 위에 다른 모래를 부으면 먼저 있던 모래의 모습이 간 곳도 없이 사라지는 것처럼.

32

"고매한 정신으로 시간과 실체를 모두 굽어본 사람도 인생을 가치 있는 것이라고 생각하겠습니까?"
그는 그렇지 않다고 대답했다.
"그렇다면 그는 죽음을 두려워하겠습니까?"
그는 물론 그렇지 않다고 대답했다.

— 플라톤 『국가』

33

좋은 일을 하고도 욕을 먹는 것은 거룩한 일이다.

— 안티스테네스

34

외면적으로는 온순하고 단정하고 침착해 보이지만 막상 정신은 그렇지 못하다면 부끄러운 일이다.

35

사물에 대해 화를 내는 것은 어리석은 짓이다.
그대가 화를 내는 것조차 사물은 알지 못한다.

— 에우리피데스

36

불멸의 신과 인간에게 기쁨을 주는 사람이 되라.

37

벼가 익으면 거두어들이듯 인생도 때가 되면 거두어들여야
한다. 한쪽에선 새로운 생명이 태어나고 다른 쪽에선 한 생
명이 죽어간다.

— 에우리피데스

38

신께서 나와 나의 자손을 돌보지 않는다면 거기에는 반드시
그럴 만한 이유가 있을 것이다.

39

선과 정의는 나의 편이다.

— 에우리피데스

40

다른 사람의 슬픔이나 격렬한 감정에 휩쓸리지 말라.

41

나는 만일 진리를 추구하는 사람이 삶과 죽음만을 저울질해야 한다고 생각한다면 그것은 옳지 못하다고 대답할 것입니다. 대신 그 사람은 어떤 일을 하든 한 가지만을 생각해야 할 것입니다. 그 일이 옳은 일인지 옳지 않은 일인지, 선한 사람이 할 일인지 악한 사람이 할 일인지를 말입니다.

— 플라톤 『소크라테스의 변명』

42

아테네 사람들이여, 그것은 이렇습니다. 최선의 것이라는 생각에서 스스로 그 일을 맡았건, 아니면 지휘관의 명령에 따라 맡았건, 그 자리를 지키면서 어떠한 위험도 무릅써야 한다고 생각합니다. 죽음이나 그 밖의 것이 두려워서 수치스럽게 행동해서는 안 될 것입니다.

— 플라톤 『소크라테스의 변명』

43

그러나 나의 벗이여. 고상하고도 선한 것이 자신과 남의 생명을 구하는 것과 다른 것인가를 한번 생각해 보게. 적어도 진실한 인간이라면 생명에 집착하거나 얼마나 오래 사느냐를 고민하지 말아야 할 것이네. 그 문제는 신께 맡겨야겠지. 그리고 '아무도 운명을 벗어날 수 없다'고 하는 여자들의 말처럼 앞으로 남은 시간을 어떻게 하면 가장 훌륭하게 쓸 수 있나를 생각해야 하지 않겠나?

— 플라톤 『고르기아스』

44

스스로 별이 되어 함께 움직이듯 별들의 운행을 관찰해 보자. 원소들은 어떻게 변화할까? 가끔은 이런 사색이 세상사의 더러움을 말끔히 씻어줄 것이니.

45

플라톤의 말은 참으로 훌륭하다. 플라톤이 말한 바와 같이 인간에 대해 논하려는 자는 높은 곳에서 굽어보듯이 세상사를 바라보아야 한다. 회합, 전쟁, 농경, 결혼, 조약, 탄생, 사망, 법정, 사막, 야만족, 잔치, 비탄, 시장. 이것들이 마구 뒤엉켜 어지러운 속에서 서로 상반된 것들이 이렇게 조화를 이루는지를 살펴보아야 한다.

46

과거를 돌아 보라. 정치 권력의 무상한 변천을. 미래는 과거처럼 움직이고, 그러므로 미래의 일은 예견할 수 있다. 모든 것이 지금 일어나고 있는 일의 질서에서 벗어나지 않는다. 40년을 관찰하든, 1만년을 관찰하든 우리 인생에서 다른 일은 결코 일어나지 않을 테니까.

47

에우리피데스는 땅에서 생긴 것은 땅으로, 하늘에서 생긴 것은 하늘로 돌아간다고 했다. 이 말은 결합된 원자의 분해, 또는 무감각한 원소의 이산(離散)을 뜻한다.

48

사람들은 음식과 술을 바치고 주문을 외움으로써 죽음이라는 운명의 흐름에서 벗어나려고 한다.

— 에우리피데스

신께서 바람을 주셨으니
기쁜 마음으로 힘차게 노를 젓자.

— 출전 미상

49

자신의 적수를 쓰러뜨리는 데에 탁월한 재주를 가진 사람도 사회적 유대감이나 겸손은 남보다 부족하며, 여러 가지 상황에 잘 대처하지 못할 뿐만 아니라 이웃의 잘못에 대해서도 관대하지 못할 수 있다.

50

신이 우리에게 나누어 준 이성에 따라 일을 처리하면 두려워할 것이 없다. 우리의 본성에 따라 일을 성취하고 그것에서 이익을 얻는다면 해를 입을 염려가 없기 때문이다.

51

언제 어디서나 우리가 할 수 있는 일은 경건한 마음으로 현재의 상황을 받아들이고, 지금 나와 함께 있는 이웃에게 공정하게 행동하며, 어떤 것이든 신중하게 판단하는 것이다.

52

남들이 살아가는 원리를 알아내느라 곁눈질하지 말고 자연이 인도하는 내 삶의 목표를 바로 보자. 자연의 섭리는 내게 일어나는 모든 일을 통해 나의 목표를 보여주며, 나의 본성은 내가 해야 할 일을 통해 그것을 보여준다. 인간은 누구든 자기의 본성에 맞게 살아야 한다.

인간의 본성에서 가장 중요한 것은 사회성이다. 사람은 서로 돕고 협력하도록 만들어졌다. 다음으로 중요한 것은 육체의 유혹에 넘어가지 않는 것이다. 자신의 영역을 분명히 지켜 감각이나 욕망의 충동질에 무너지지 않는 것이야말로 이성과 지성만이 갖는 능력이다. 감각과 욕망은 둘 다

동물적인 것. 이성은 다른 어떤 것보다 우월하여 감각과 욕망에 절대 굴복하지 않는다. 다음은 경솔하지 않고 쉽게 기만당하지 않는 것이다. 이 세 가지 원칙을 견지하면 이성은 본래의 역할을 다할 것이다.

53

나는 죽은 사람이라고, 내 인생은 지금 이 시각으로 끝났다고 생각하라. 그리고 남은 시간은 특별히 신이 베푼 덤이라고 생각하고 자연에 순응하며 살라.

54

나에게 일어나는 일, 운명의 신이 내게 준 것만을 사랑하고 더 이상을 욕심부리지 말지니, 내게 그것보다 더 필요한 것은 없다.

55

어려운 일이 닥칠 때는 그 같은 일을 당했던 사람들을 떠올려 보라. 얼마나 괴로워하고 놀라고 당황하던가. 그들과 같이 행동하지 말라. 내가 해야 할 일은 내게 닥친 어려움을 활용하는 것이니, 오히려 난관을 발판으로 하고자 하는 일을 성취하는 것이다. 어떤 일을 하든 스스로에게 집중하고, 일을 올바르게 처리하기 위해 최선을 다하라.

56

마음속을 들여다 보라. 마음에는 아무리 퍼내어도 마르지 않는 선(善)의 샘물이 있다.

57

육체를 견실하게 가꾸어 행동할 때나 휴식할 때나 흐트러지는 일이 없도록 하라. 지적이고 기품 있는 정신을 가진 사람은 그 정신이 얼굴에 드러나거니와 육체 또한 그러하다. 이 같은 일이 허식 없이 자연스럽게 이루어지게 하라.

58

산다는 것은 무용보다는 차라리 레슬링에 더 가깝다. 예측할 수 없는 불의의 공격에 대비하여 언제나 굳건하고 빈틈없는 자세로 서 있어야 하니까.

59

누군가에게 인정을 받고자 한다면 우선 그가 어떤 사람이며 그 사람의 삶의 원칙이 무엇인지 살펴 보라. 그 견해와 욕구의 근원을 알면 그 사람이 본의 아니게 잘못을 범하는 경우에도 그를 비난하지 않을 것이며, 그에게서 인정받기를 바라지도 않게 될 것이다.

60

플라톤은 "모든 영혼은 자기도 모르는 사이에 진리를 빼앗기고 있다." 라고 말했다. 정의, 절제, 자비심, 그 밖의 미덕 또한 알지 못하는 사이에 상실되고 있으니 이 말을 새겨두면 사람들에게 더욱 온화해질 수 있을 것이다.

61

고통스러울 때마다 새겨둘 것이 있다. 고통은 수치가 아니며, 이성을 손상시키지도 못한다는 것이다.

이성이 합리적이고 사회적인 한, 고통은 이성을 손상시키지 못한다. 에피쿠로스는 "언젠가는 끝나게 되어 있다는 것을 생각하면 고통은 그렇게 참을 수 없는 것도, 영원히 계속되는 것도 아니다." 라고 했다. 또 상상으로 고통을 더 보태지 말라고도 했다. 졸음, 더위, 식욕감퇴 등 우리를 불쾌하게 하는 많은 일들도 고통과 같은 성질을 가지고 있어, 이런 일로 불평함은 고통에 굴복하는 것이나 다름없다.

62

비인간적인 사람들이 남들에 대해 품고 있는 것과 똑같은 감정으로 그들을 대하지 않도록 주의하라.

63

소크라테스가 피타고라스의 아들인 텔라우게스보다 더 훌륭한 인격자였다고 할 수 있을까? 소크라테스는 고결한 죽음을 선택했고, 소피스트들과의 논쟁에서도 더 신랄했으며, 추운 밤에도 태연히 밤을 지새웠고, 아테네의 폭군으로부터 무고한 레온을 잡아오라는 명령을 받고도 이를 단호히 거부하고 당당한 태도로 거리를 활보했으므로 그렇단 말인가? 그것만으로는 불충분하다. 소크라테스의 영혼을 살펴볼 일이다. 그는 모든 사람들에게 공정했고, 신을 공경했고, 인간의 사악함에 대해 어리석게 번민하지 않았으며, 사람들의 무지에 굴복하지 않았고, 자신의 운명을 기꺼이 받아들였다. 그의 이성은 보잘것없는 육신에 휘둘리지 않고 언제나 깨끗하였다.

64

자연은 인간의 영혼을 육체에서 자유로울 수 있도록 만들어 놓았다. 영혼은 자기 영역을 지키고 자기의 일을 스스로 처리할 수 있다. 인간은 얼마든지 신성한 존재가 될 수 있는 데도 사람들은 이를 알지 못한다.

행복한 삶을 사는 데는 그다지 많은 것이 필요하지 않다. 철학을 모른다고 해도, 자연에 대해 조예가 깊지 않다고 해도, 자유롭고 겸손하게 사회에 기여하고 신에게 순종하며 행복하게 살아갈 수 있으니.

65

온 세상이 내게 욕설을 퍼붓고 야수들이 내 육체를 갈기갈기 찢는다 해도 나는 평온한 마음으로 영혼의 평정을 유지하며 주변의 사물에 대해 바른 판단을 내리고 그것들을 유용하게 이용하리라. 모든 것은 이성적이고 사회적인 미덕을 실천하기 위한 재료에 불과하고, 세상에서 일어나는 모든 일은 신 또는 인간과 관련된 것으로서 새로운 것도, 다루기 어려운 것도 아닐 뿐더러 평범하고 다루기 쉬운 재료일 뿐.

66

하루하루를 내 삶의 마지막 날인 것처럼 살리라. 흥분하거나 무관심하지 않고 위선을 부리지도 않으리니, 인격은 그렇게 완성되는 것.

67

불멸의 신들은 그토록 오랜 시간에 걸쳐 오늘날의 인간들같이 하찮은 사람들과 무수한 악인들을 참아내야 함에도 불구하고 결코 화를 내는 법이 없다. 오히려 모든 방법을 동원하여 인간을 돕기까지 한다. 그런데 나는 머지 않아 죽어 없어질 몸이면서도 사람들의 악행에 넌더리를 내고 있다. 더구나 나 또한 그 악인들 중의 하나가 아닌가.

68

스스로의 악은 보지 못하고 남의 악을 피하려고만 하니 참으로 어리석기 그지없다. 스스로의 악은 피할 수 있지만, 다른 이의 악으로부터는 도저히 피할 수 없는 것.

69

나의 이성이 지적이거나 사회적인 것이 아니라고 판단한 것이라면 이성보다 열등한 것으로 생각해도 틀림이 없다.

70

내가 베푼 선행을 상대방이 기꺼이 받아들였다면 그것으로 충분하다. 선행의 대가로 칭찬이나 보답을 바라는 것은 어리석은 짓이다.

71

이익을 얻는 것에 싫증 낼 사람은 없다. 자연의 섭리에 따르는 행위야말로 유익한 것이다. 그러므로 다른 사람들에게 도움을 베푸는 데서 생겨나는 유익함을 얻는 데 인색하지 말라.

72

이 세상의 모든 일이 자연의 섭리에 따라 순서적으로 일어난다. 이 점을 명심하면 아무리 나쁜 일이 일어나더라도 평온한 마음으로 대할 수 있을 것이다.

8장

1

일평생을, 아니 적어도 철이 든 이후라도 철인의 삶을 살았 노라고 나는 결코 말할 수 없으리라. 이제 나 자신은 물론 다른 사람들도 내가 철학과 동떨어진 생활을 하고 있다는 것을 알고 있다. 이미 세속에 물들어 이제는 철학자라는 이름을 듣는 것조차 쉽지 않은 일이 되었다. 인생은 끊임없이 내게 철학과 반대되는 길을 걷도록 강요하고 있다. 이런 마당에 부질없는 명예가 다 무슨 소용이 있으랴.

이 같은 사실을 깨달았으니 이제 남들이 나에 대해 어떻게 생각하든 개의치 않고 남은 생애를 자연의 섭리에 따라 살 수 있다면 그것으로 만족하겠다. 오로지 자연의 섭리만을 생각하고 그 밖의 일에는 마음을 쏟지 않으리라.

이제껏 행복을 찾아 그토록 방황했건만 행복은 그 어디에도 없지 않던가? 삼단논법, 부, 명예, 쾌락, 혹은 그밖의 어떤 것에서도 행복은 찾을 수 없었다. 행복은 인간의 본성이 원하는 대로 행하는 것에서 온다. 그러려면 모든 욕구와 행동에 대해 엄격한 원리를 적용해야 한다. 이를테면 선과 악에 대한 원리가 있으니, 인간을 정의롭고 용기 있게, 그리고 자유롭게 하는 것이 선이며, 그 반대로 이끄는 것은 악이다.

2

어떤 행동을 할 때마다 그 일이 자신과 어떤 관계가 있는가를 생각하라. 또 그 일로 후회하지는 않을지를 생각하라. 머지 않아 나는 죽어 없어질 것이며 다른 것들도 모두 사라진다. 그러니 살아 있는 동안 이성적인 존재, 사회적 존재, 그리고 신과 동일한 법칙의 지배를 받는 존재로서 합당한 일을 한다면 그 이상 바랄 것이 없을 것이다.

3

왕이 되어 세상을 호령하던 알렉산드로스, 가이우스, 폼페이우스도 철학자인 디오게네스, 헤라클레이토스, 소크라테스와 비교하면 초라하기 그지없다. 철학자는 사물의 본질을 꿰뚫고 동일한 삶의 원리를 가졌으나 왕은 얼마나 많은 것을 갈구하고, 얼마나 많은 것에 사로잡혀 있었던가?

4

내가 아무리 가슴이 찢어지는 듯한 슬픔을 당했다 해도 세상 사람들은 아랑곳하지 않고 전과 똑같이 살아갈 것이다.

5

가장 중요한 것은 어떤 것에도 흔들리지 않는 마음을 유지하는 일이다. 만물은 우주의 법칙에 따라 움직이며, 나는 곧 사라질 것이다.

그러니 만물을 직시하여 그 실체를 파악하고, 동시에 선한 사람이 되는 것이 내가 할 일임을 잊지 말자. 나의 본성이 요구하는 것은 지체없이 행하고, 가장 정당하게 생각되는 것은 거짓 없이 겸손하고 진지하게 이야기하자.

6

만물은 우주의 섭리에 따라 이쪽에서 저쪽으로, 이것에서 저것으로 끊임없이 변화한다. 그러나 언제나 똑같은 법칙의 지배를 받으니 새로운 것을 두려워할 필요는 없으리라.

7

모든 본성은 자신의 길을 순조롭게 이행하는 것으로 만족을 삼는다. 인간의 본성은 그릇되거나 불확실한 생각을 거부하고, 사회에 이롭지 못한 행동을 자제하고, 자신의 뜻대로 할 수 있는 것만을 바라며, 자연이 자신에게 주신 모든 것을 기꺼이 받아들이는 것이다.

잎의 본성은 잎이 속한 나무의 본성의 일부분인 것처럼, 자연이 부여한 모든 것은 자연의 본성의 일부분이다. 잎의 본성이 지각이나 이성이 없는 본성의 일부로서 손상될 수 있는 반면, 인간의 본성은 어떤 것에 의해서도 손상되지 않는 고귀한 것이어서 지혜롭고 정의롭다. 자연은 각자의 가치에 따라 시간, 실체, 원인, 활동, 경험을 적절하고 공평하게 할당한다. 개별적인 사인에 내해 이것과 저것이 모든 면에서 공평하다는 것이 아니라 이것 전체와 저것 전체를 놓고 보았을 때 그렇다는 것이다.

8

내 비록 학자는 아닐지라도 언제라도 오만함은 억제할 수 있다. 쾌락과 고통에 휘둘리지 않고 헛된 명예욕을 던져 버릴 수 있는 힘이 내게 있다. 어리석고 감사할 줄 모르는 사람들 때문에 괴로워하지 않으며, 오히려 그들을 보살필 수 있다.

9

남에게는 물론이거니와 나 자신에게도 궁정 생활에 대해 불
평하지 말아야 하겠다.

10

후회는 무엇인가 유익한 기회를 놓친 뒤의 자책이다. 어떤
경우에나 선은 유익한 것으로, 선한 사람이라면 누구나 이
를 추구한다. 선한 사람은 쾌락의 기회를 거부하고도 이를
후회하지 않으니, 쾌락은 선하지도 유익하지도 않기 때문이
다.

11

사물을 대할 때는 가능하다면 늘 물리적, 윤리적, 논리적으
로 분석하여 파악하는 습관을 들이도록 할 것.

12

누구를 만나든 그가 선악에 대해 어떤 견해를 갖고 있는지
생각해 보라. 그가 쾌락과 고통, 명예와 불명예, 죽음과 삶
에 대해 어떤 견해를 갖고 있는지를 이해하면 그가 어떤 행

동을 하더라도 놀랍거나 이상하게 느껴지지 않을 뿐더러 그
럴 수밖에 없음을 이해하게 될 것이다.

13

무화과나무에 무화과가 달린다고 놀랄 사람은 없다. 마찬가
지로 마땅히 일어나야 할 일이 일어났다고 놀랄 것은 없다.
의사는 환자의 열이 높아도 놀라지 않으며 선장은 거센 파
도가 밀려와도 놀라지 않는다.

14

남의 충고에 따라 생각을 바꾸거나 잘못을 고친다고 하여
나의 자유의지가 훼손되는 것은 아니다. 나의 욕구와 판단,
그리고 이성에 따라 이루어진 결정과 행동은 나 스스로의
행동이기 때문이다.

15

내 뜻대로 되는 것이라면 아무 것도 비난할 이유가 없다.
내 뜻대로 되지 않는 것이라면 누구를 비난하겠는가? 신,
아니면 원자? 어느 쪽을 비난하든 어리석은 일일 뿐. 할 수

만 있다면 잘못의 원인을 찾아 바로잡고, 그것이 불가능할 때는 적어도 잘못 자체를 바로잡아야 한다. 그것마저 안 된다면 비난할 필요도 없지 않은가. 목적 없이 하는 일이 무슨 가치가 있으랴.

16

죽는다고 해서 우주 밖으로 떨어져 나가는 것이 아니다. 죽은 후에도 나는 우주 안에 머물면서 변화하여 우주와 나를 구성하는 본래의 원소로 분해될 것이다. 그것 또한 다른 것으로 변하지만 원소는 결코 변화를 불평하지 않는다.

17

말이든 포도나무든 모든 것은 일정한 목적이 있어서 존재하는 것이다. 태양신도 목적이 있어 존재하고, 다른 신들도 존재의 목적이 있다. 그렇다면 내가 존재하는 목적은 무엇일까? 쾌락을 위하여? 가당치도 않은 생각이다.

18

자연은 마치 공을 던지는 사람처럼 만물의 시작과 과정뿐만 아니라 그 종말까지도 섭리한다. 공의 입장에서 보면 위로 올라간다고 해서 좋을 것도, 다시 아래로 내려오다 땅에 떨어진다고 해서 나쁠 것도 없다. 거품의 예를 보아도, 거품이 인다고 좋을 것이 없으며 거품이 부서진다고 해서 해로울 것이 없다. 생명의 등불도 이와 같다.

19

늙거나, 병들거나 숨을 거둘 때 육신이 어떻게 되는지 그 실상을 보라. 칭찬하는 사람도 칭찬받는 사람도, 기억하는 사람도 기억되는 사람도 모두 잠시 이 세상에 머물 뿐이며, 이 모든 일이 이 세상의 한 구석에서 일어나는 일일 뿐이다. 이 좁은 곳에서조차 사람들은 서로 다른 의견들을 갖고 있으며 심지어는 나 자신의 의견도 한결같지 않다. 지구 전체라고 해야 하나의 점에 불과할 뿐인데.

20

지금 눈앞에 닥친 문제를 직시하라. 그것이 행동이든, 원리이든, 말이든 이 같은 난관에 부딪친 것은 어쩌면 당연하다. 오늘을 착하게 사는 것보다 내일을 착하게 살려고 했기 때문이다.

21

무슨 일을 하든 나는 인류에 봉사하는 것과 관련된 일을 하고 있다. 내게 무슨 일이 생기든 나는 그 일을 신과 만물의 근원이 되는 우주의 실체와 연관하여 받아들인다.

22

기름, 땀, 때, 더러운 물. 목욕을 하노라면 이런 것들에서 불쾌감을 느끼거니와, 우리 인생의 여러 일 또한 그러하다.

23

내 어머니는 아버지의 임종을 지켜보셨으나 결국 돌아가셨다. 남편 막시무스의 임종을 지켜보았던 세쿤다 역시 죽었다. 안토니누스 또한 아내 파우스티나를 땅에 묻은 후 죽고 말았다. 예리한 지성을 가졌던 사람들, 예언자들, 자부심이 넘치던 사람들. 이들은 지금 어디에 있는가? 그저 하루살이와 같은 신세일 뿐, 이들은 모두 오래 전에 가고 없다. 어떤 이는 죽자마자 곧 망각 속으로 사라졌고, 어떤 이는 전설적인 영웅이 되었지만 그 전설조차 곧 잊혀졌다. 작은 살덩어리에 불과한 나의 가냘픈 호흡도 언젠가는 끊어져 어디론가 없어지거나 옮겨질 운명이다.

24

인간은 인간 본연의 일을 할 때 만족한다. 인간 본연의 일이란 다른 사람들에게 친절히 대하고, 감각적인 욕망을 억제하며, 사물의 그럴듯한 외관에 현혹되지 않고 바르게 판단하고, 우주의 본성과 우주 안에서 일어나는 사물의 본성을 관조하는 것이다.

25

내가 맺고 있는 관계에는 세 가지가 있다. 첫째는 나를 둘러싸고 있는 육체와의 관계이고, 둘째는 만물의 근원이 되는 자연과의 관계이고, 셋째는 나와 더불어 살고 있는 사람들과의 관계이다.

26

고통은 육체에 해롭거나 영혼에 해롭다. 고통이 육체에 해가 될 경우에는 육체로 하여금 비명을 지르게 하라. 그러나 영혼은 안정과 평온을 유지하면서 고통을 악으로 여기지 않는 힘이 있다. 모든 판단과 충동, 염오와 욕구는 마음속에서 일어나게 마련인데 어떤 악도 영혼의 높은 경지를 따를 수 없기 때문이다.

27

망상이 떠오를 때마다 '어떤 악도, 욕망도, 동요도 내 영혼 속으로 스며들지 못한다. 나는 모든 사물의 본성을 꿰뚫어 각기 그 가치에 따라 모든 것을 이용할 수 있다.' 라고 스스로에게 이르고, 이 같은 능력을 자연이 내게 주었다는 것을 상기하라.

28

공석에서나 사석에서 누군가와 이야기할 때에는 쉬운 말로 솔직하고 조리 있게 말하라.

29

아우구스투스 황제의 가문과 궁전은 모두 사라져 버렸다.

황제의 아내와 딸과 자손과 양자들, 그리고 그의 고문이었던 아그리파와 아레이우스, 마이케나스, 의사, 친구들, 그리고 사제들까지도 더 나아가 한 개인의 죽음이 아니라 폼페이우스의 자손들처럼 일족의 멸망을 생각해 보자. 묘비에 새겨진 '일족 중 마지막 사람'이라는 글귀를 떠올려 보자. 자손을 남기고자 그토록 애썼건만 결국 누군가는 최후의 사람이 되어야 했다. 인류도 이렇게 사라질 것이다.

30

내가 하는 하나하나의 행동이 모인 것이 나의 삶이니, 그 행동이 나의 삶에 도움이 되었다면 그것으로 만족하자. 아무도 그것을 방해할 수 없다. 내 뜻대로 할 수 없는 일이 일어나지나 않을까 하는 근심이 생길 때에는, 그 무엇도 정당하고 건전하고 신중하게 살겠다는 나의 의지를 막을 수 없다는 것을 상기하자. 그래도 무엇인가 다른 장애물이 생길지도 모른다는 의혹이 들 수 있다. 만일 그런 일이 일어난다면 그것을 기꺼이 받아들여 다른 일을 할 수 있는 기회로 삼으리라. 그것이 바로 내가 추구하는 삶이다.

31

재산이니 성공이니 하는 것들을 겸손하게 받아들이되 언제라도 미련 없이 버릴 각오도 함께 하라.

32

손이나 발, 또는 머리가 몸통에서 잘려져 나간 모습을 본일이 있는가? 자기에게 일어나는 일에 만족하지 못하고 다른 사람들을 등지거나 이기적인 행동만 하는 사람들의 모습이 바로 그러하다. 자연의 일부로서 만들어졌건만 스스로 자연과 절연했기 때문이다.

그러나 인간에게는 다시 자연과 하나가 될 수 있는 능력이 있다. 자비로운 신은 인간을 위해 다른 것들과 구별되는 뛰어난 능력을 부여했다. 인간은 애초부터 우주에서 분리될수 없도록 만들어졌다. 혹시 분리되었다 하더라도 다시 돌아가서 전과 같이 우주와 일체를 이루고 우주의 한 부분이될 수 있도록 배려한 것이다.

33

자연은 인간에게 많은 능력을 주었거니와, 모든 방해물을

자신에게 주어진 목적을 위해 이용할 수 있는 능력도 함께
주셨다. 그 능력은 저항하고 방해하는 모든 것들을 본래의
자리로 되돌려서 자신의 일부로 삼는 자연의 섭리와도 같은
것이다.

34

자신의 생애 전체를 미리 생각함으로써 스스로를 괴롭히지
말라. 앞으로 닥칠지도 모르는 여러 가지 고난을 한꺼번에
걱정할 필요는 없는 것. 난관에 부딪칠 때마다 그 일에서
내가 감당할 수 없는 것이 무엇인지를 자문하라.

　나를 짓누르는 것은 과거도, 미래의 문제도 아닌 오로지
현재의 문제뿐. 이 중에서도 내 능력이 미치는 문제로만 한
정시킨다면 그 무게는 최소한으로 줄어들 것이다. 그 정도
의 문제도 감당하지 못할 때에는 가차없이 스스로의 마음을
질책하라.

35

어떤 철학자가 말한 것처럼 그대에게 만약 날카로운 통찰력
이 있다면 잘 관찰하여 현명한 판단을 내릴 일이다.

36

나는 인간의 본질에서 정의와 상반되는 것을 보지 못했다. 그러나 쾌락과 상반되는 미덕이 있으니 절제가 그것이다.

37

감각적 지각을 방해하는 것은 동물의 본성에 해가 된다. 욕망을 가로막는 것 또한 해가 된다. 식물의 본성에 대해서도 장애와 해악이 되는 것이 있다. 이와 마찬가지로 이성을 방해하는 것은 이성의 본성에 해악이 된다.

이 모든 원리를 나 자신에게 적용해 보자. 고통이나 쾌락이 주는 영향은 감각이 다스릴 일이다. 목적을 달성하고자 하는 내 의지를 가로막는 것이 있다면 이러한 장애물은 나의 이성에 분명히 해가 된다. 그러나 이 세상 모든 일이 자연의 이치에 따라 일어난다는 것을 상기하면 내게 해가 되거나 장애가 되는 것은 하나도 없다. 아무리 드센 불, 칼, 폭군, 비난이라 하더라도 나의 이성에 상처를 낼 수 없다. 일단 원형으로 만들어진 이상, 나의 이성은 언제나 원형의 상태로 존재하는 법이다.

38

아직 한 번도 남을 의도적으로 괴롭힌 적이 없는 내가 나
자신을 괴롭힌다는 것은 온당치 못하다.

39

사람마다 즐거워하는 것이 각기 다르다. 나에게 즐거움을
주는 것은 나의 이성이 건전하여 누구에게서도 등을 돌리지
않고, 또한 이 세상에서 일어나는 어떤 일도 피하지 않으며
기꺼이 받아들여 그 가치에 따라 이용하는 것이다.

40

지금 현재에 충실할 것. 후세의 명성을 추구하는 사람은 후
세 사람들 또한 현재 자신을 괴롭히는 사람들과 조금도 다
름이 없으며, 그들 역시 죽을 운명이라는 것을 아직 깨닫지
못한 것이다. 내가 죽은 다음에 후세 사람들이 나에 대해
어떤 말을 하든, 또 어떤 생각을 갖든 그것이 나와 무슨 상
관이 있단 말인가?

41

그대가 원하는 곳 어디로든 나를 던져 보라. 그곳에서도 나의 본성은 평정을 유지하리라. 내 고유한 본성에 따라 생각하고 행동한다면 장소가 바뀌었다 해서 위축되거나 겁먹지 않고 어디서든 만족할 수 있으리.

42

그 누구에게도 인간의 본성에 어긋나는 일은 일어나지 않는다. 황소에게는 황소의 본성에서 벗어나는 일이 일어나지 않는다. 포도나무도, 돌도 마찬가지다. 모든 사물에는 이처럼 자연스럽고 통상적인 일만이 일어나니, 자연은 당신이 감당할 수 없는 일을 결코 계획하지 않는다.

43

그대의 뜻대로 할 수 없는 어떤 것이 지금 그대를 괴롭히고 있다면, 그 고통은 그것 때문이 아니라 그것에 대한 그대의 관념에서 오는 것이다. 그 관념을 버리면 고통도 사라진다. 만약 그대를 괴롭히는 것이 마음에서 비롯된 것이라면 마음을 달리 먹으면 되는 것이다. 또한 올바르다고 생각하는 행동을 하지 못해 괴로운 것이라면, 불평하지 말고 당장이라도 그 일을 하면 될 것이다. 그대의 힘으로 어찌할 수 없는 장애물이 앞을 가로막고 있다면 그 일을 못하는 책임이 그대에게 있는 것이 아니므로 괴로워하지 말라. 그 일을 할 수 없다면 인생을 살 이유가 없다고 생각될 때에는 이를 기꺼이 받아들여 이 세상을 떠날 일이다. 이루지 못한 일은 있으나 할 일은 다하고 만족스럽게 죽는 사람처럼.

44

마음을 단단히 다잡고 자신의 의지에 어긋나는 것을 단호히 거부한다면 정신을 쓰러뜨릴 수 있는 것은 아무 것도 없다. 하물며 주어진 상황에 대해 이성에 근거하여 신중하게 판단한다면 더 말할 나위도 없는 것이다. 감정에 흔들리지 않는 정신은 요새와도 같다. 그 어떤 공격도 피할 수 있으니 이보다 더 안전한 피난처는 없으리라. 이를 모르는 사람은 무지한 사람이요, 알면서도 그 요새로 찾아들지 않는 사람은 불행한 사람이다.

45

무슨 일이든 최초의 인상만을 기억하라. 가령 누군가가 나에 대한 험담을 하더라는 말을 들었다고 하자. 그것은 전해 들은 말일 뿐, 그 험담 때문에 내가 피해를 입은 것으로 생각해서는 안 된다. 자식이 아픈 경우도 마찬가지다. 내가 보고 있는 것은 아파하는 아이일 뿐, 그 아이가 위독한 상황인지 아닌지는 알 수 없는 일이다. 언제나 최초의 인상만을 받아들이고 그것을 확대하거나 다른 상상을 보태지 말라. 정히 다른 것을 보태고 싶다면 세상의 모든 일을 섭리하는 자연의 이치를 덧붙여라.

46

쓴 오이는 버리면 되고, 길 위의 가시덤불은 비켜 가면 될 뿐, 그것들이 왜 생겨났는지 불평하지 말라. 자연의 섭리를 조금이라도 이해하는 사람이라면 그런 불평은 하지 않을 것이다. 목수의 작업장에는 톱밥 부스러기가, 제화공의 작업장에 가죽조각이 뒹구는 것이 지극히 당연한 것과 같은 이치이다.

그런데 목수나 제화공은 쓸모 없는 쓰레기를 버릴 곳이

있지만 자연에는 그럴 여분의 공간이 없다. 이것이 쓸모 없는 것들을 자기 안에서 변화시키고 그것을 재료로 하여 다시 새로운 것을 만들어내는 자연의 위대함이다. 자연은 외부로부터 새로운 재료를 들여올 필요도 없거니와 쓰레기를 버릴 장소도 필요로 하지 않는다. 자연은 자신의 공간, 재료, 그리고 능력만으로 자족한다.

47

굼뜬 행동, 조리 없는 말, 명확치 않은 견해는 모두 버려라. 영혼이 안으로만 지나치게 웅크리는 것도, 밖으로 너무 나대는 것도 피해야 하며, 분망한 생활로 여유를 잃어서도 안 된다. 무서운 고문과 저주로 육신을 갈기갈기 찢어놓는다 해도 영혼은 순결하고 현명하며 건전하고 올바르게 유지해야 한다.

누군가가 맑고 깨끗한 물이 솟는 샘 옆에 서서 온갖 욕설로 그 샘을 저주한다 해도, 샘은 여전히 맑은 물을 낸다. 설사 진흙이나 오물을 집어넣을지라도 샘은 곧 더러운 것을 흘려보내고 본래의 맑음을 되찾는다. 끊임없이 맑은 물이 솟아오르는 마음의 샘을 지니려면 매 순간을 소박하고 겸손하고 관대하게 살아야 한다.

48

우주의 본성을 모르는 사람은 자기가 어디에 있는지 알지 못한다. 자연의 섭리를 모르는 사람은 자신이 어떤 존재이며 우주가 무엇인지 알지 못한다. 자기가 무엇 때문에 존재하는지조차 알지 못하는 것이다.

자신이 어디에 있는지도, 무엇 때문에 존재하는지도 모르는 사람들로부터 찬양을 받는 것이 무에 그리 중요하겠는가?

49

한 시간에도 몇 번이나 스스로를 저주하는 사람들에게서 칭찬 받기를 바라지 말고, 스스로 만족할 줄 모르는 사람들의 비위를 맞추려고도 하지 말라. 어떤 행동을 하든 후회하는 사람이 과연 스스로에게 만족할 수 있을까?

50

그대를 둘러싼 공기만을 호흡하지 말고, 만물을 둘러싼 이성을 받아들일 것. 숨을 쉬어 대기의 힘을 들이마시듯, 만물에 퍼져 있는 이성의 기운을 받아들이자.

51

인류가 아무리 사악하다 해도 우주에는 해가 되지 않는다. 누군가가 저지른 악 또한 다른 사람에게 해가 되지 않는다. 악은 단지 악을 행하는 당사자만을 해칠 뿐이다. 그러나 그 또한 스스로 그러기를 선택한다면 당장이라도 악에서 놓여날 수 있다.

52

나의 의지는 나의 영혼이나 육체와 마찬가지로 내 이웃의 의지와 아무런 관계가 없다. 우리는 서로를 위해 이 세상에 나오기도 했지만 각자 독자적인 존재인 것이다. 그렇지 않으면 이웃의 악이 내게 해를 입힐 수도 있지 않은가. 신은 다른 사람으로 말미암아 내가 불행해지는 것을 원치 않는다.

53

햇빛은 쏟아지면서 사방으로 흩어지는 것처럼 보이지만, 결코 소모되지 않고 연장되는 것이다. 햇빛의 성질을 이해하려면, 좁은 틈을 통해 어두운 방 안으로 들어오는 빛줄기를 보라. 빛줄기는 앞을 가로막는 어떤 물체와 마주치기 전까지는 직선으로 곧장 뻗어간다. 그리고 고체와 마주친 빛줄기는 거기서 빠져나가거나 아래로 떨어지거나 하지 않고 그 자리에 머문다.

사람의 사고도 이와 같아야 한다. 결코 소모되지 않고, 스스로를 연장시켜 나가고, 마주치는 장애물에 격렬하게 부딪쳐서도 안 되고, 절망에 빠져 피하려 해서도 안 된다. 빛처럼 그 자리에 머물며 그것을 받아들이는 물체를 비추어야 한다.

54

죽음이 두려운 것은 감각이 사라지는 것이 두렵거나, 아니면 또 다른 감각을 갖게 되는 것이 두려워서이다. 죽은 후에 감각을 아예 상실하게 된다면 아무런 해악도 느낄 수 없을 것이다. 그리고 만약 다른 종류의 감각을 갖게 된다면 다른 종류의 생명으로 다시 태어나는 것이니 삶이 끝나는 것이 아니다.

55

인간은 서로를 위해 이 세상에 태어났다. 그러니 상대방이
무지하다면 가르치거나 참고 견디어야 한다.

56

화살의 움직임은 마음의 움직임과 다르다. 그러나 주의를
모아 무엇을 열심히 탐구할 때면 마음 또한 화살과 같아 복
표를 향해 똑바로 날아간다.

57

다른 사람들의 마음을 이해하라. 그리고 그들도 당신의 마
음을 이해하도록 허락하라.

9장

1

옳지 못한 것은 경건하지 못한 것이다. 우주의 본성은 인간이 각자의 능력에 따라 서로 돕고, 서로에게 해를 입히지 못하도록 했다. 그러므로 이 같은 자연의 섭리를 어기는 사람은 신에게 씻을 수 없는 죄를 범하는 것이다.

거짓 또한 신에 대한 죄이다. 우주의 본성은 곧 사물의 본성이며, 사물은 다른 모든 사물과 서로 연관되어 있기 때문에 우주의 본성은 만물의 본성이기도 하다. 만물을 이 세상에 존재하게 만든 본성의 또 다른 이름은 진리이다. 고의적인 거짓말은 남을 속이는 부정한 행위이므로 불경한 것이다. 본의 아닌 거짓말 또한 우주의 본성에 어긋나며 우주의 질서를 교란하는 것이므로 옳지 못하다. 자연으로부터 거짓과 진실을 식별하는 능력을 받고서도 그 능력을 소홀히 하여 잃어버렸기 때문이다.

또한 쾌락을 선으로 추구하고 고통을 악으로 생각하여 피하는 것도 신에 대한 죄악이다. 이 같은 사람은 자연이 공과에 따라 사물을 공평하게 분배하지 않는다고 생각하기 때문에 반드시 자연을 비난하게 되어 있다. 흔히 악인은 쾌락을 누리며 쾌락을 가져다주는 것들을 많이 소유하고 있는 반면, 선인은 고통과 고통을 일으키는 것을 소유할 뿐이라고 생각하기 때문이다. 또한 고통을 두려워하는 사람은 앞으로 일어날 일에 대해서도 종종 공포를 느끼는데 이 또한 잘못된 것이다. 쾌락을 추구하는 자는 서슴지 않고 부정한 짓을 하게 되므로 이것도 불경한 것이다.

자연은 만물에 대해 공평하다. 만약 자연이 공정하지 않다면 고통과 쾌락을 동시에 만들지 않았을 것이다. 그러므로 자연에 따르는 사람은 자연과 동일한 태도, 사물에 대해 공평한 태도를 가져야 한다. 고통과 쾌락, 삶과 죽음, 명예와 불명예 등 자연이 차별하지 않는 것들에 대해 공평하게 대하지 못하는 것은 잘못된 태도이다.

우주의 본성이 만물에 공정하다는 것은 자연에 의해 쉼없이 창조되는 만물이 모두 똑같은 경험을 하게 된다는 뜻이다. 우주의 시초로부터 지금까지 만물은 자연의 섭리에 의해 동일한 방법으로 변화를 거쳐 태어난 것이다.

2

거짓말, 위선, 사치, 오만 따위를 모르는 채 이 세상을 떠나는 것이야말로 가장 행복한 삶이다. 이것들을 물리도록 경

험했다면 그만 마지막 숨을 몰아쉬는 것도 나쁘지 않다. 그
것도 아니라면 차라리 악덕에 파묻혀 살기로 결심한 것이거
나, 아직도 충분치 못해 이 악덕으로부터 빠져 나올 생각을
못하는 것이다. 이성의 파괴는 주변 공기의 오염이나 변질
보다 훨씬 더 무섭다. 인간이 동물에 불과할 뿐이라면 공기
의 오염은 우리의 생명을 위협하는 것이지만, 인간은 이성
을 가졌으니 이성의 파괴는 인간의 본질까지도 파괴한다.

3

죽음을 무서워하지 말라. 죽음 또한 자연의 뜻이니 웃으며
받아들여라. 갓난아이에게 이가 나고 장년이 되어 수염이
나고 노인이 되어 백발이 되듯, 인생의 모든 자연스런 현상
처럼 죽음 또한 삶의 연장이다. 무관심하거나 안달하거나
두려워 말고 변화의 한 과정으로 생각하고 죽음을 기다려
라. 여자의 자궁에서 아기가 세상 밖으로 나올 때를 기다리
는 것처럼 육체라는 외피에서 영혼이 빠져나가는 때를 기다
려라.

그래도 죽음 때문에 위로가 필요할 때는 내가 곧 떠나게
될 이 세상이 어떤 곳인지, 그리고 나의 영혼이 이제 더 이

상 관계를 맺지 못할 사람들이 어떤 사람들인지를 생각하
라. 그러면 기꺼이 죽음과 타협할 수 있을 것이다. 그렇다고
세상 사람들에게 화를 내는 것은 옳지 않으니, 그들을 보살
피고 인내하는 것이 내가 할 일이다.

죽음이란 나와 동일한 삶의 원칙을 가진 사람들의 곁을
떠나는 것이 아니다. 나와 같은 원칙을 가진 사람들과 영원
히 함께 사는 것이 허용된다면 나는 삶에 집착할 것이니,
그것만이 삶에 애착을 가질 수 있는 유일한 이유이다. 그러
나 조화를 이루지 못하는 사람들과 함께 살아야 한다는 것
은 얼마나 괴로운 일인가!

죽음이여, 어서 오라. 나 스스로 나의 본분을 망각하기
전에!

4

남에게 잘못하는 것은 나 자신에게 잘못하는 것이다. 옳지
못한 행동을 하면 나 자신에게 해가 되므로 스스로 죄를 짓
는 것이 된다.

5

반드시 어떤 행동을 해서 잘못을 범하는 것이 아니라 때로는 어떤 행동을 하지 않는 것이 잘못일 수도 있다.

6

지금 내가 갖고 있는 의견이 이성을 토대로 한 것이고, 나의 행동이 사회에 유익한 것이며, 내 마음이 모든 일에 만족하고 있다면 그것으로 충분하다.

7

망상을 버릴 것. 충동을 자제하고 욕구를 버릴 것. 이성의 능력을 충분히 발휘할 것.

8

이성이 없는 동물들은 오직 생명이 있을 뿐이다. 그러나 이성을 가진 인간은 지혜로운 영혼이 있다. 흙으로 만든 모든 사물들이 흙이라는 원소를 갖고 있듯이 시각과 생명이 있는 인간은 누구나 같은 빛을 통해 세상을 보고 같은 공기를 호흡한다.

동일한 요소를 가진 것들은 서로 끌리게 되어 있다. 흙의 성질을 가진 것은 흙으로 향하고, 물의 성질을 가진 것은 함께 모여서 흘러가며, 공기의 성질을 가진 것 또한 마찬가지다. 이들을 떼어 놓으려면 강제적인 힘이 필요하다. 불은 불이라는 원소의 성질 때문에 위로 타오르고, 지상에서도 불의 성질을 가진 것들과 결합하기 위해 연소를 방해하는 요소가 적은 건조한 물체를 쉽게 태운다. 우주의 이성을 나누어 가진 인간 또한 이와 마찬가지로 동류를 향해 움직인다. 인간은 오히려 더 강하게 동류에게 끌리고 융화된다.

이성이 없는 동물 사이에서도 벌과 소는 무리를 지어 생활하고, 새들은 둥지를 짓고 짝을 이루고 새끼를 돌보며 어떤 의미에서는 사랑도 한다. 동물에게도 영혼이 있기 때문이다. 이 같은 현상은 식물이나 돌 같은 무생물에게서는 찾아볼 수 없는 것이다.

그러나 좀더 높은 수준의 생물은 정치적 단체, 우정, 가족, 집회, 전쟁시의 협상과 휴전처럼 보다 결속된 형태의 사회생활을 한다. 사물 중에서도 차원이 높은 별들은 서로 떨어져 있으면서도 통일성을 가진다. 생성의 차원이 높아지면 사물도 공감적인 유대관계를 맺는 것이다.

그런데 이성을 가졌다는 인간만이 이 같은 서로간의 욕구와 끌림을 망각한 채 서로 협력하려 하지 않는다. 그러나 서로에게 끌리는 성질이 지극히 강한 것이 인간이어서 결코 이 같은 유대관계에서 벗어날 수 없다. 주위를 보라. 이웃과 완전히 담을 쌓고 사는 사람은 어디에도 없지 않은가.

10

인간도, 신도, 우주도 때가 되면 모두 열매를 맺는다. 열매라 하면 포도나무 같은 식물을 떠올리겠지만, 이성도 자신과 이 세상을 위해 열매를 맺는다. 이성의 열매는 갖가지 미덕이며, 이들은 모두 이성과 같은 종류이다.

11

가능하다면 잘못을 저지른 사람을 타일러 바로잡아 주어야 한다. 그럴 수 없을 때에는 너그럽게 대하라. 신께서도 그들에게 관용을 베풀며, 일정한 목적을 위해서는 건강과 부와 명성까지 주심을 기억하라.

12

땀흘려 일하라. 그러나 마지못해 일하는 것은 불행한 일이며, 남의 동정이나 칭찬을 받기 위해 일하는 것도 어리석은 일이다. 사회가 요구하는 대로 해야 할 일은 하고 하지 말아야 할 일은 하지 않아야 한다.

13

오늘 나는 모든 근심에서 풀려났다. 아니, 차라리 근심을 몰아냈다고 하는 것이 옳겠다. 왜냐하면 근심은 바깥에 있는 것이 아니라 내 마음속에 있기 때문이다.

14

세상 모든 것이 동일하다. 모두가 비슷한 경험을 하고, 순간을 살며, 자연으로 돌아갈 육신을 가졌다. 땅 속에 누워 있는 사람들의 시대나 지금이나 조금도 달라진 것이 없다.

15

사물은 내 밖에 존재한다. 그들은 스스로를 알지도, 어떤 판단을 내리지도 못한 채 따로 떨어져 있다. 이 같은 사물에 대해 판단을 내리는 것이 이성이다.

16

인간은 자신의 감정에 의해서가 아니라 의지에 따라 선해지
거나 악해진다. 선한 것이든 악한 것이든, 드러난 행동은 감
정의 산물이 아니라 자기 의지의 결과이다.

17

사람들의 마음속을 꿰뚫어 보라. 그러면 내가 비난받기를
두려워하는 사람들이 과연 어떤 자들인지, 또 그들이 자신
에 대해서 얼마나 관대한 자들인지 알 수 있을 것이다.

18

만물은 변화하고 있다. 나 자신도 끊임없이 변화하고 있으
되, 어떤 의미에서 보면 소멸되고 있다. 우주도 그러하다.

19

다른 사람의 과오는 그 과오를 저지른 사람이 해결할 일이
다.

20

활동이 정지되고, 욕구와 사고가 단절된다고 해가 되는 것은 아니다. 인생의 단계를 한번 돌아보자. 나 또한 유년기, 청년기, 장년기를 지나 노년에 들어섰으며, 각 시기의 변화는 일종의 죽음이었다. 그것이 두려웠던가? 또 지나간 삶을 생각해 보자. 할아버지 밑에서 지냈던 때와 부모님 아래서 생활하던 때는 많은 차이와 변화와 단절이 있었다. 그것이 두려웠던가? 마찬가지로 삶이 끝나거나 단절되거나 변한다고 해도 두려워하지 말라.

21

나의 이성, 우주의 이성, 그리고 내 이웃의 이성을 보라. 바른 이성을 가지려면 나의 이성을 살펴야 하고, 내가 우주의 일부라는 것을 깨닫기 위해서는 우주의 이성을 살필 일이다. 내 이웃의 행동이 무지 때문인지 혹은 의도된 것인지를 가려내려면 이웃의 이성을 살펴야 한다. 그러다 보면 이웃의 이성과 나의 이성이 다르지 않다는 것을 알게 된다.

22

내가 이 사회의 구성원인 것처럼 내 행동 또한 사회생활의 구성요소가 되어야 한다. 직접적이든 간접적이든 내 행동이 사회가 지향하는 목표와 관련되지 않는다면 그것은 사회를 어지럽히고 조화를 깨는 것이다. 그것은 군중 집회에서 독자적으로 행동하여 전체의 분위기를 깨뜨리는 것과 같다.

23

아이들의 말다툼과 유희, 죽은 시체를 떠메고 다니는 가엾은 영혼, 이런 것이 인생이라면 호메로스의 이야기에 나오는 유령이 더 현실적이다.

24

이토록 무수한 고통을 겪는 것은 이성에 따라 마땅히 해야 할 일을 했음에도 스스로 만족하지 못하기 때문이다. 다시는 이같이 어리석은 짓을 반복하지 않으리.

25

우주의 운동은 예나 지금이나 변함이 없다. 각각의 일들이 모두 자연의 이치로 일어나는 것이라면 그 결과를 받아들일 일이다. 그렇지 않고 처음 한 번이 자연의 의지요 다음은 인과관계의 결과라면 그 또한 걱정할 것이 무엇인가. 만일 이 전체를 신께서 주재한 것이라면 모든 것이 순조로울 테고, 이 우주를 지배하는 것이 우연이라면 그 지배에 따르지 않으면 되리.

머지 않아 나는 죽어 흙에 묻히리라. 그러나 때가 되면 그 흙도 다른 것으로 변할 것이고 그것 또한 다른 것으로 변할 것이다. 변화는 세상이 끝나지 않는 한 영원히 계속될 것이다. 파도가 밀려오듯 연속되는 변화와 그 속도를 생각해 보라. 사라질 수밖에 없는 것들에 집착할 필요가 있겠는가.

26

우주 생성의 원인은 격류와 같아서 모든 것을 휩쓸어간다. 그 속에서 허튼 소리나 늘어놓으며 정치에 열을 올리고 철학자연 하는 저 가련한 사람들을 보라. 자연의 이치를 따르라. 무엇이든 기회가 닿는 대로 열심히 하되 인정받기 위해 두리번거리지 말라. 플라톤의 이상 국가가 아니라고 불평할 것도 없다. 하찮은 일이라도 순조롭게 되어가면 그것에 만족하고 작은 일에도 마음을 써라. 누가 사람들의 신념을 바꿀 수 있겠는가! 신념을 바꾸지 않는 한, 속으로는 불평이 가득한 채 겉으로만 순종하는 노예와 같은 인간이 있을 뿐이다.

이제 내게 알렉산드로스와 필립포스, 팔레론의 디메트리오스의 이야기를 들려다오. 그들이 자연의 이치에 따라 수양을 했는지는 내가 상관할 바 아니다. 그러나 만약 그들이 인생이라는 무대에서 주어진 배역을 연기한 것에 불과하다면 그들을 모방한다고 하여 나를 비난할 수 있는 사람은 없으리라. 철학은 소박하고 겸손한 것. 오만하지 말자.

27

무수한 사람들, 수많은 종교 의식, 폭풍우가 치든, 바람이 자든 계속된 긴 항해, 이 세상에 나서 함께 살다가 흙으로 돌아간 사람들. 또 이미 오래 전에 살았던 사람들, 앞으로 태어날 사람들, 그리고 지금 살고 있는 무지한 사람들을 생각해 보라. 이들 중 내 이름을 들어본 적이 있는 사람이 과연 얼마나 될까. 설사 나를 알고 있다 하더라도 얼마나 빨리 잊을 것인가. 혹 지금 나를 찬양하고 있는 사람들도 돌

아서면 나를 비난할 것이다. 후세의 명성과 평판, 그 밖의
모든 것이 그저 덧없을 뿐이다.

28

외부적 원인으로 일어난 일로 동요하지 말라. 내부적 원인
에 의해 일어난 일에 대해서는 정의롭게 대처하라. 공공의
이익에 도움이 되는 것만을 추구하고 실행해야 할 것이니,
그것이 인간의 본성에 따르는 것이다.

29

그대를 괴롭히는 쓸데없는 근심을 거두어라. 그것들은 순전
히 생각에 달려 있어 마음만 먹으면 당장이라도 제거할 수
있다. 마음속의 우주를 이해하고 영원한 시간을 관조하며
사물의 빠른 변화를 생각하라. 태어나서 죽기까지의 삶은
순간에 지나지 않으나 태어나기 전과 죽은 뒤의 시간은 얼
마나 무한한가. 그 점을 생각하면 마음의 여유를 가질 수
있을 것이다.

30

소멸은 곧 변화이다. 우주의 본성은 변화를 기뻐한다. 우주가 생긴 이래 모든 것은 자연의 섭리에 따라 변화하여 왔으며 앞으로도 영원히 그럴 것이다. 그런데도 세상의 모든 것은 악이고 앞으로도 그럴 것이라고, 또 무수한 신들이 이런 상황을 바로잡으려 했지만 헛된 노력으로 끝나 버려 세상은 영원히 악에 시달리도록 저주받은 것이라고 불평할 것인가.

31

모든 것은 썩게 마련이다. 증기로, 먼지로, 뼈로, 또는 악취로 그토록 귀한 대리석은 흙이 굳어 된 것에 불과하며, 금과 은은 침전물이며, 옷은 한줌의 털로 짜여진 것이고, 귀한 자색 염료는 조개의 피로 만든 것이다. 다른 것들도 마찬가지여서 내 생명 또한 이것에서 저것으로 변화한 것뿐이다.

32

불평과 모방, 어리석은 잔재주로 점철된 비참한 삶은 이것으로 충분하다. 이 세상 어디에도 새로운 것은 없다. 그렇다면 무엇이 나를 어지럽히는가? 사물의 형상인가, 아니면 질료인가? 근원을 살펴보면 형상과 질료 외에는 아무 것도 없다. 그러므로 지금이라도 신께서 보시기에 단순하고 소박한 삶을 살아야 한다. 3년을 살든 100년을 살든 내가 배워야 할 것은 그것뿐이다.

33

누군가 내게 잘못을 저질렀다 해도 그 해악은 그 사람에게 돌아갈 뿐. 그러므로 그는 아마 잘못을 저지르지 않은 것인지도 모른다.

34

우주에는 하나의 이성적 실체가 있어서 그것으로부터 이 세상의 모든 것이 생겨났거나, 아니면 원자만으로 되어 있어 혼돈과 분산이 있을 뿐이다. 우주의 이성이 있다면 그 안에서 어떤 일이 일어나든 불평해선 안 된다. 어떤 일이든 전체에 도움이 되기 때문이다. 그렇다면 나는 무엇 때문에 동요하는가? 나의 이성에게 말하노니, 그대는 죽었는가? 부패되었는가? 위선을 행하는가? 이제 한낱 들짐승이 되어 짐승 떼와 같이 몰려다니며 풀을 뜯고 있는가?

35

신은 절대적 능력이 있거나 없거나 둘 중의 하나이다. 만일 신께 그런 능력이 없다면 기도는 무엇 때문에 하는 것일까? 신께 능력이 있다면 무엇을 해 달라고 기도하는 대신 두려운 일이 일어나도 두려워하지 않는 힘을, 욕망을 억제하는 힘을, 그리고 어떤 일이 일어나도 괴로워하지 않는 능력을 달라고 기도할 일이다. 신께서 인간을 도울 수 있다면 반드시 이런 방법으로 도울 것이다.

그러나 내게 이미 그런 능력이 있으니, 내 능력 밖의 것을 노예같이 구걸하지 말고 내가 가진 능력을 자유로이 활용할 일이다. 신은 인간이 할 수 있는 일에 대해서는 도와주지 않는다. 그러므로 "저 여인과 동침하게 해 주십시오." 라고 기도하지 말고 "저 여인과 동침하고픈 마음을 누를 수 있는 힘을 주십시오." 라고 기도하고, "내 아이의 목숨을 구해 주십시오." 라고 기원하는 대신 "내 아이의 죽음을 두려워하지 않도록 도와 주십시오." 라고 기도하자.

36

에피쿠로스는 이렇게 말했다.

"병상에 있는 동안 나는 결코 육신의 고통에 대해 하소연하지 않았다. 문병하러 온 사람들과도 그런 이야기는 나누지 않았다. 오히려 예전처럼 사물의 본성과 자연의 원리에 대해 의견을 나누고, 특히 인간의 정신이 어떻게 하면 육체의 병 때문에 동요하지 않고 고유의 선을 행할 수 있는가에 대해 많은 이야기를 나누었다. 나는 또한 의사들이 마치 위대한 일이나 하는 것처럼 엄숙한 표정을 지을 기회도 주지 않았다. 내 생활은 병들기 전과 마찬가지로 행복하고 즐거웠다."

만약 병이 나거나 곤경에 처하게 되면 에피쿠로스와 같이 행동할 일이다. 어떤 일이 있어도 철학을 포기하지 말고, 무지한 사람이나 자연의 이치를 모르는 사람들의 쓸데없는 대화에 끼어들지 말며, 오로지 지금 자신이 하고 있는 일, 그리고 그 일을 성취하기 위한 수단에 대해서만 생각하라.

37

누군가의 몰상식한 행동 때문에 화가 날 때는 곧바로 이렇게 자문하라. "무례한 자가 없는 세상이 과연 존재할까?" 물론 그것은 불가능하다. 그렇다면 불가능한 일을 요구하지 말라. 그 또한 이 세상에 반드시 있어야 할 염치 없는 사람들 중 하나이다. 악한이나 신의 없는 사람, 그 밖의 잘못을 범하는 사람들에 대해서도 마찬가지로 생각하자. 이들도 꼭 있어야 할 사람들이라는 것을 깨달으면 그들에게 보다 관대해질 수 있다. 자연은 우리에게 악행뿐 아니라 그에 반대되는 미덕도 같이 주었으니, 무례한 사람을 위해서는 친절을, 어리석은 사람을 위해서는 관용을 해독제로 준 것이다.

어떤 경우에든 빗나간 사람들에게는 그 잘못을 타일러 바로잡아 줄 수 있다. 누구나 잠깐은 자기가 존재하는 목적을 잊고 잘못할 수 있다. 게다가 그들로 인해 나의 본성이 나빠지는 일은 없으므로 그들이 내게 피해를 입히는 것도 아니다. 내게 해를 입히는 것은 오로지 내 마음에서 비롯된다.

교양 없는 사람이 야비한 행동을 하는 것은 당연하다. 이상스러울 것도, 해가 될 것도 없다. 오히려 상대방이 그러리라 예상하지 못한 것이 나의 잘못이다. 이성으로 그의 잘못을 예상할 수 있었으면서도 그것을 잊고 그의 행동에 당황하는 것이다.

다른 사람에 대해 신의가 없다거나 배은망덕하다고 비난할 때에는 우선 스스로를 반성하라. 그의 성격을 알면서도 신의를 지키리라 믿은 것도, 친절을 베풀면서 보답을 기대한 것도 모두 나의 실책이다. 남에게 선의를 베풀었다면 내 본성에 맞는 일을 했다는 것으로 만족할 일이다. 보답을 바라는 것은 눈이 사물을 본다고 해서, 혹은 발이 걷는다고 해서 대가를 요구하는 것과 같다. 눈이나 발은 일정한 목적이 있어 생긴 것이고, 그 본래의 목적에 따라 움직이는 것이 그것의 의무이다. 그렇듯 인간의 본성은 동료에게 자비로운 행동을 하는 것이 의무이다. 내가 남에게 친절을 베풀거나 공공의 이익에 보탬이 될 때 나는 나의 본성에 따라 행동한 것이며, 그것으로 이미 보답을 받은 것이다.

10장

1

나의 영혼이여, 그대는 더없이 선량하고 단순하고 온전한 하나이며 모든 것을 기꺼이 받아들인다. 그대는 또한 그대를 둘러싼 육체보다 더욱 분명히 드러난다. 그대는 자애롭고 사랑이 넘친다.

그대는 충실하고 부족함이 없어 아무 것도 바라지 않는다. 쾌락을 위해 생명이 있는 것이든 없는 것이든 탐하지 않으며, 쾌락을 즐기기 위해 더 오래 살기를 바라지도 않는다. 또 쾌적한 환경이나 기후, 마음에 맞는 사람들만을 열망하지도 않는다.

그대는 현재의 상태에 만족하고 그대 주위에 있는 모든 것에서 기쁨을 느낀다. 그대는 모든 것을 가지고 있으며 신께서 그것들을 주셨음을 믿는다. 또한 신께서 기뻐하실 일은 무엇이든 내게 좋은 일이고 앞으로도 그러하리라는 것을 확신한다. 만물은 가장 선하고 가장 공정하고 가장 아름다운 것으로 살아 있는 우주의 안전과 이익을 위해 신께서 만드셨다는 것을 그대는 확신한다. 또한 신이 만물에 생명을 불어넣고 유지하고 이것이 분해되면 다시 동일한 것으로 만들기 위해 만물을 포용한다는 것을 깨닫고 있다. 그러므로 그대는 신과 인간을 비난하지 않고 그들의 비난도 받지 않으며 그들과 더불어 생활한다.

2

나의 본성이 요구하는 것이 자연의 섭리에 어긋나는 것이 아니라면 그것이 무엇인지 살필 일이다. 그리고 그것이 육신을 손상시킬 우려가 없는 한 받아들여라. 그와 함께 생명체로서의 나의 육신이 요구하는 것이 무엇인지 파악하여 이성에 해가 되지 않는 한 그것을 받아들여라. 다른 일에 헛된 노력을 들이지 말고 위의 원칙을 지킬 일이다.

3

이 세상에는 내가 감당할 수 있는 일도 있고, 내가 감당하기 어려운 일도 있다. 감당할 수 있는 일이라면 불평하지 말고 기꺼이 받아들이자. 그러나 설사 감당하기 어려운 일이 일어난다 하더라도 불평하지 말라. 불평은 스스로를 소모시키기만 할 뿐이니, 모든 것은 나의 생각에 달려 있다. 그리고 이 모든 일이 자연의 섭리에 따라 일어나는 것이다. 어떤 일이든 내게 도움이 되며 꼭 해야 할 일이라고 생각하면 감당할 수 있게 된다. 자연은 내게 모든 것을 감당할 수 있는 능력을 주셨다는 것을 명심하자.

4

우주가 원소의 무질서한 집합체이든, 질서정연한 조직이든, 확실히 깨달아야 할 것이 있으니 그것은 나는 자연의 섭리가 지배하는 만유의 한 부분이며, 나의 동류들과 불가분의 관계를 맺고 있다는 것이다.

내가 만유의 한 부분인 이상, 내게 주어진 운명이 어떤 것이든 불만을 품어서는 안 된다. 우주에 유익한 것이라면 그 일부분인 내게도 해가 되지 않을 것이기 때문이다. 이 원칙은 만물에 적용되거니와, 이에 더해 우주의 본성은 어떤 경우에든 외적 원인에 의해 자신에게 해가 되는 일을 억지로 만들지 않는다. 나는 이러한 우주의 일부이므로 이 세상에서 일어나는 어떠한 일도 기꺼이 받아들일 수 있는 것이다. 또한 나의 동료와 밀접한 관계를 맺고 있는 한, 나는 공공의 이익에 해가 되는 행동을 하지 않을 것이며 오히려 동료에게 관심을 갖고 사회의 이익을 위해 노력하고 이에 어긋나는 일은 삼갈 것이다.

이와 같은 태도로 살아가면 나의 삶은 반드시 행복할 것이다. 그것은 마치 동료 시민들을 위해 봉사하고 국가가 어떤 사명을 부여하든 그것을 기꺼이 받아들이는 시민이 행복한 이치와 같다.

5

이 세상 모든 것은 반드시 소멸한다. 더 정확하게 말하자면 변화한다. 사물의 불가피한 변화와 소멸이 악이라면 자연은 순조롭게 유지되지 못할 것이다. 이 같은 변화와 소멸은 자연의 섭리에 따른 자연스럽고 정상적인 현상이다. 그러므로 사물의 변화와 소멸에 대해 자연의 섭리에 위배되는 일이라도 일어난 것처럼 당황하고 동요하는 것은 어리석은 일이다.

모든 것은 분해되어 그것을 구성하고 있는 원소들로 흩어진다. 고체는 흙으로, 영적인 것은 공기로 변하여 자연으로 돌아간다. 자연은 이것을 재료로 하여 다시 새로운 것을 만들어 낸다.

6

착하고 겸손하고 진실하고 이성적이며 침착하고 도량이 넓은 사람이라는 소리를 듣고 있을 때는 그런 칭찬에 부끄럽지 않은 행동을 하도록 노력하라. 칭찬이 사라진 때에는 다시 칭찬을 들을 수 있도록 노력할 일이다.

위에서 '이성적'이라는 말은 개개의 사물을 빠뜨리지 않고 주의 깊게 살핀다는 뜻이며, '침착하다'는 말은 우주의 본성이 자신에게 부여하는 것을 기꺼이 받아들인다는 뜻이다. 그리고 '도량이 넓다'는 말은 쾌락이나 고통 같은 육체의 감각과 명성이나 죽음 등 정신을 어지럽히는 것에 개의치 않는 고매한 지성을 의미한다. 남들에게 이런 칭찬을 듣기 위해 애써 노력하지 않으면서도 이 같은 심성을 가질 수 있다면 나는 전혀 다른 사람으로 새로운 삶을 시작할 수 있을 것이다.

종전과 같이 고통과 타락이 가득한 삶을 지속하는 것은 어리석고 삶에 집착하는 사람들이나 할 짓이다. 앞에서 말한 대로만 하면 행복의 섬으로 가는 것이나 다름없다. 그러나 만약 그것을 고수할 만한 능력이 없다면 스스로의 원칙을 세워 용감하게 물러남이 옳다. 아니면 충동에서가 아니라 자유롭고 겸손하게 이 세상을 하직할 일이다. 이같이 고상한 죽음을 택함으로써 내 인생에서 적어도 하나의 성공은 거둘 수 있는 것이다.

신을 생각하면 이 같은 미덕을 계속 유지하는 데 도움이
될 것이다. 신은 아첨을 원하지 않으며, 이성을 나누어 가진
인간이 자기와 동일한 존재가 되기를 바란다. 무화과나무가
무화과나무의 본분을 다하고, 개는 개의 본분을, 꿀벌은 꿀
벌의 본분을 다하는 것처럼 인간은 인간의 본분을 지켜야
할 것이다.

7

만물이 어떻게 변화하는지 끊임없이 관찰하면서 자연의 이
치를 캐는 철학에 매진하라. 도량을 넓히는 데 이보다 더
좋은 방법은 없다. 인간은 언젠가는 모든 것을 남겨 두고
이 세상을 떠나야 한다는 것을 깨닫게 되므로 육체에 집착
하지 않게 되기 때문이다. 깨달은 사람은 행동이 정의로우
며 어떤 일에서건 자연의 섭리에 따른다. 또한 남들이 자신
에 대해 어떤 말을 하든, 어떤 생각을 하든, 또 어떤 비난을
하든 개의치 않는다. 왜냐하면 지금 자신의 행동이 올바르
고 자신에게 주어진 운명에 만족한다면 그것으로 충분하기
때문이다. 그리하여 마음을 어지럽게 하는 욕망을 버리고

신을 향해 나아갈 뿐이다.

8

가야 할 길을 눈앞에 두고 그대는 왜 그리도 망설이는가?
길이 뚜렷이 보인다면 뒤돌아보지 말고 기꺼이 그 길을 가
라. 길이 보이지 않으면 잠시 발을 멈추고 앞서 깨달은 이
들의 조언을 듣도록 하라. 혹시 앞길을 가로막는 방해물이
나타나면 신중히 따져 보아 정의로운 길을 따르라. 정의의
길을 가는 것이 성공의 비결이다. 실패의 대부분은 정의의
길을 따르지 않은 것에서 비롯된다.

9

하루를 시작하기 전에 남들의 칭찬이나 비난으로 인해 내게
어떤 변화가 일어날 수 있는지 생각해 보자. 달라질 것이
없지 않은가. 거만한 태도로 남을 칭찬하거나 비난하는 사
람들 역시 잠을 자고 밥을 먹으며 나와 똑같은 생활을 하고
있다. 그들이 무엇을 하는 사람인지, 무엇을 추구하며 무엇
을 꺼리는지 생각해 보자. 그들은 손이나 발을 사용하지 않
고 그들의 가장 소중한 부분, 즉 이성을 그릇된 방법으로

이용하여 도둑질을 하는 사람들이다. 올바른 이성은 성실, 겸손, 진리, 법, 행복 등을 이끌어 낸다.

10

자연은 모든 것을 주고 다시 거두어 간다. 지혜로운 사람들은 이 같은 자연을 향해 겸손한 마음으로 "그대가 원하는 대로 주고 그대가 원하는 대로 거두소서." 라고 말하고 기꺼이 자연의 섭리에 따른다.

11

내게 남은 시간은 순간에 지나지 않는다. 나, 깊은 산속에 묻혀 사는 사람같이 살아가리라. 세상이라는 도시에서 한 사람의 시민으로 산다고 생각하면 어느 곳에서 살든 다를 것이 없다. 자연의 법칙에 따라 진정한 인간의 모습으로 살아가리라.

12

영원한 시간과 우주에 대해 끊임없이 생각하라. 모든 개별적인 사물은 우주에 비교하면 한낱 무화과나무 열매에 지나

지 않는다. 또 영원한 시간과 비교하면 우리의 인생은 나사
를 한 번 돌리는 순간에 지나지 않는다.

13

먹고, 자고, 짝을 짓고, 배설할 때의 인간은 어떤 존재인가?
높은 자리에 거만하게 앉아 화를 내며 질책할 때의 인간은
또 어떤 존재인가? 바로 어제만 하더라도 하찮은 욕망을 채
우기 위해 노예처럼 굽신대던 사람들이 지금은 어떤 모습인
가?

14

자연이 각 사물에 부여하는 것은 어떤 것이든 그 사물에 도
움이 된다. 그리고 부여하는 시기 또한 적절하다.

15

에우리피데스는 "대지는 소나기를 사랑하고 장엄한 하늘도
소나기를 사랑한다." 라고 하였다.

　이 말은 자연은 일어나기로 예정되어 있는 일을 일으키
기를 사랑한다는 뜻이다. 나 또한 우주를 향해 "나 또한 그

대가 사랑하는 것을 사랑합니다." 라고 말하리라. 그리고 무슨 일이 일어나든 받아들이리.

16

이미 내게 익숙해진 이 세상에서 계속 살든, 이곳을 떠나든, 아니면 모든 의무에서 풀려나 다른 세상으로 가든 그것은 나의 뜻에 달려 있다. 이 세 가지 이외에 다른 선택은 없다. 그러니 용기를 내자.

17

그대가 발을 딛고 있는 곳 또한 다른 곳과 다름없다는 점을 명심하라. 여기에 있든, 산꼭대기에 있든, 그 밖의 어떤 곳에 있든 조금도 다름이 없다. 플라톤은 "산 속에서 양떼를 치며 사는 것이나 성벽으로 둘러싸인 도시에 사는 것이나 다를 것이 없다." 라고 하였다.

18

나를 인도하는 이성은 내게 어떤 의미가 있는가? 나는 이것을 어떤 상태로 만들고 있으며 또 어떤 목적으로 이용하는

가? 혹시 나의 이성은 분별력이 모자라지는 않은가? 사람들
과 유대를 끊고 동떨어져 있는 것은 아닌가? 육체에 이끌려
그 욕구에 따라 움직이지는 않는가?

19

주인 몰래 달아나는 하인은 도망자이다. 인간에게 있어서
주인은 바로 법이다. 그러므로 법을 어기는 자는 도망자이
다.

　슬퍼하거나 화를 내거나 두려워하는 것은 자연이 정해
주신 과거, 현재, 미래의 일에 만족하지 못한다는 표시이다.
자연이 각자에게 주신 운명은 곧 법이니, 두려워하거나 슬
퍼하거나 화내는 사람 또한 도망자이다.

20

남자가 여자의 자궁에 씨를 뿌리고 떠나면 이어서 다른 동
인(動因)이 그것을 키우고 아기를 탄생시킨다. 작은 시작이
얼마나 놀라운 결과로 나타나는가. 또 아기가 음식을 목으
로 삼키면 이번에는 또 다른 동인이 그것을 받아들여 지각
과 운동으로 그것을 변화시킨다. 생명과 힘, 그 밖의 모든

결과는 도처에서 일어나거니와 얼마나 기묘한가!

이 신비한 진행과정을 유심히 관찰하여 그 생기의 힘이 무엇인지 파악하라. 물체를 끌어올리거나 떨어뜨리는 힘을 느낄 수 있듯이, 육안으로 보이지는 않지만 그 힘을 분명히 느낄 수 있을 것이다.

21

지금 존재하고 있는 사물은 과거에도 똑같이 존재했고 미래에도 똑같이 존재할 것이다. 수많은 경험과 지난날의 역사를 통해서 똑같은 연극과 무대 장치가 반복된다는 것을 알고 있지 않은가? 하드리아누스 시대, 안토니누스 시대, 그리고 필리포스, 알렉산드로스 시대에 일어난 모든 일들이 지금 우리가 보고 있는 연극과 동일한 것이다. 다른 것은 오직 배우들뿐이다.

22

슬퍼하거나 불평하는 사람은 도살장으로 끌려가며 울부짖는 돼지와 같다. 홀로 침대에 누워 남들과의 관계를 한탄하는 자도 돼지와 같다. 오직 인간만이 이 세상에 일어나는 일을 기꺼이 받아들이는 능력이 있다. 어쩔 수 없이 복종하는 것은 인간이 아니더라도 필연적으로 하게 되어 있다.

23

무슨 일을 하든 잠시 손을 멈추고 '죽으면 이 일을 하지 못하게 되므로 죽음을 두려워하는 것일까?' 라고 자문해 보라.

24

다른 사람의 잘못 때문에 화가 날 때는 자신을 돌아보고 내가 잘못한 것이 없는지를 생각해 보자. 나 또한 부(富), 쾌락, 명성 따위를 소중히 여기고 있지 않는가. 이같이 생각하면 상대방 또한 어쩔 수 없이 잘못을 저지른 것임을 깨닫게 되고, 분노는 곧 가라앉을 것이다. 그리고 할 수만 있다면 그를 어쩔 수 없게 만든 것에서 놓여날 수 있도록 도움을 주라.

25

내게 주어진 것을 이용하여 이성에 어긋나지 않게 할 수 있는 것이 무엇일까? 그 일이 무엇이든 나는 할 수 있는 능력이 있으니 방해를 받고 있다는 것은 한갓 핑계일 뿐이다.

쾌락을 추구하는 사람이 사치를 탐내는 것처럼 자신에게 주어진 일을 이성에 따라 처리하는 것이 당연한 일이라고 생각하자. 자신의 본성에 따라 할 수 있는 모든 일을 일종의 쾌락으로 생각하라. 그렇지 않으면 한탄과 불평이 끊이지 않을 것이다. 그리고 이성을 가진 인간은 어디서나 그렇게 할 수 있다. 그러나 수레바퀴는 어디에서나 구를 수 없으며, 이성이 없는 영혼의 지배를 받는 그 밖의 것들도 마찬가지이다. 앞을 가로막는 장애물들이 무수히 많기 때문이다.

그러나 이성은 본성에 따라 원하는 대로 모든 장애물을 돌파할 수 있다. 불이 위로 타오르고, 돌이 아래로 떨어지며, 바퀴가 비탈길을 굴러 내려가는 것처럼 이성은 모든 장애를 극복할 수 있다. 내 앞을 가로막는 장애물은 단지 시체나 다름없는 나의 육체에만 영향력을 미칠 뿐, 이성 스스로가 굴복하지 않는 한 이성에 해를 입히지 못한다. 사물은 계속 해를 입게 되면 결국은 못쓰게 되나 인간은 오히려 이러한 역경을 이용하여 보다 뛰어나고 가치 있게 되는 것이다.

그리고 진정한 시민의 경우, 국가에 해를 입히지 못하는 것은 그에게도 해를 입히지 못하며, 법과 질서에 위배되지 않는 것은 국가에 해를 입히지 못한다는 사실을 명심하라. 사람들이 재난이라고 일컫는 것 또한 법에 해를 입히지 못한다. 그러므로 법을 해치지 못하는 것은 국가에게도, 내게도 해를 입히지 못한다.

26

이미 우주의 진리를 깊이 깨달은 사람은 간결하고 평범한 교훈을 듣는 것만으로도 슬픔이나 두려움에서 벗어나 마음의 평정을 얻을 수 있다. 예를 들면,

나뭇잎은 바람에 날려 땅에 흩어진다.
인간도 이와 같도다.

— 호메로스의 『일리아드』 중에서

나뭇잎은 바로 내 아이들일 수 있고, 또 사람들일 수도 있다. 칭찬을 퍼붓다가도 돌아서면 곧 나를 비난하고 비웃는 사람들 말이다.

모든 일이 이와 같다. 호메로스가 노래한 것처럼 '봄이 오면 새싹이 돋아나고' 바람이 이 새싹을 날려보내면 그 자

리에는 다른 잎이 돋아난다. 잠시 머물다 사라져 버려야 하는 운명은 만물에 공통된 것. 그런데도 영원히 살 수 있을 것처럼 어떤 일은 피하고 어떤 일에는 매달리는가? 머지 않아 나는 영원히 눈을 감을 것이고, 내 장례식에 왔던 사람들도 이내 사라질 것이다.

27

건강한 눈은 사물을 있는 그대로 보며, 꼭 푸른 것만 보아야겠다고 투정을 부리지 않는다. 특정한 것만을 보는 눈은 병든 눈이다. 건강한 청각과 후각은 어떤 소리나 냄새도 받아들인다. 물레방아가 무슨 곡식이든 찧는 것처럼 튼튼한 위는 어떤 음식이든 소화해 낸다. 이처럼 건강한 이성은 이 세상에서 일어나는 어떤 일도 적절히 처리할 수 있다. "내 아이만은 살려 주세요." 라든가 "내가 하는 일은 무엇이든 사람들이 칭찬하게 해 주세요." 라고 하는 것은 마치 푸른 것만을 보려고 하고, 부드러운 음식만을 찾는 것과 같다.

28

임종의 자리에서 그의 죽음을 기뻐하는 사람이 하나도 없다면 그는 참으로 행복한 사람이다. 그가 선량하고도 현명한 스승이었다고 하자. 그 자리에 과연 "선생님이 돌아가셨으니 나는 이제 자유롭게 숨을 쉴 수 있겠군. 모두에게 친절한 분이셨지만 말없이 우리를 책망했다는 것을 난 알고 있어." 라고 중얼거릴 사람이 하나도 없을 것인가?

그래도 이런 스승은 훌륭한 사람이다. 평범한 사람이라면, 그의 죽음을 기다리는 사람들이 어디 한둘이겠는가? 그러므로 임종을 맞아 이렇게 생각하면 한결 편안할 것이다.

"그 동안 그들을 위해 그토록 노력하고 기도했건만, 친구들조차 내가 죽으면 조금이라도 이익이 돌아오지 않을까 하여 내가 죽기를 바라고 있다. 이런 세상을 떠나는 것이니, 이곳에 조금이라도 오래 머물기를 바랄 이유가 있을까?"

그러나 그렇다고 하여 친구들에게 불친절하게 대해서는 안 되며 이제까지와 마찬가지로 관대하고 온화하고 따뜻한 태도를 유지해야 하리라. 그들과의 이별을 너무 슬퍼하지 말라. 편안한 종말을 맞는 것처럼 영혼이 육체에서 조용히 빠져나가게 하라. 그들과 나를 맺어준 자연이 이제 그 인연을 끊으려는 것이다. 가까운 사람들과 헤어져야 하지만, 억지로 끌려가지 않고 스스로 떠나가라. 죽음 또한 단지 자연의 한 과정이 아닌가.

29

다른 사람이 어떤 행동을 할 때마다 그가 무슨 목적으로 그런 행동을 하는지 생각하라. 그러나 그 같은 생각을 하기 전에 우선 스스로의 행동부터 살펴 보라.

30

그대를 조종하고 있는 줄은 그대의 마음속에 숨어 있다. 그것은 설득의 힘이고 생명이며 바로 그대 자신이다. 그대를 담고 있는 육체와 그것에 붙어 있는 기관들을 그대와 혼동하지 말라. 그것들은 그저 목수의 도끼와 같은 연장이어서 다만 그대의 육체에 붙어 있을 뿐이다. 그대가 그것들을 움직이거나 멈추게 하지 않는 한, 그것들은 방직공의 북이나 작가의 펜, 마부의 채찍과 같이 그저 아무런 소용이 없는 것일 뿐이다.

11장

1

이성을 가진 인간의 특성은 스스로를 알고 분석하며 원하는 대로 자신을 바꾸는 것이다. 식물이나 가축은 자신의 열매나 산물을 스스로 거둘 수 없지만, 인간은 자신이 가꾼 것을 스스로 수확하며 생의 종말이 언제가 되든 자신의 목적을 이룬다.

무용이나 연극 등은 중간에 중단되면 그 전체가 불완전해지지만 사람은 생명이 중간에 끊기더라도 자신에게 맡겨진 역할을 수행하므로 영혼이 "나는 부족함이 없이 모두 가졌다." 라고 말할 수 있는 것이다.

인간의 이성은 우주 전체와 우주를 둘러싼 공간을 내왕하며 그 형태를 고찰하고 영원한 시간의 끝까지 뻗어나가 만물의 창조와 순환을 깨닫는다.

후세 사람들이라고 하여 우리가 보지 못한 새로운 것을 보는 것은 아니며, 전대의 사람들이라고 하여 우리보다 많은 사실을 경험하지는 않았다. 나이 40쯤 되어 세상을 이해하게 된 사람이라면 과거에 일어났고 앞으로 일어날 일들을 모두 다 본 것이나 다름없다.

이웃과 진리와 겸손을 사랑하고 자기 자신을 존중하는

것이 이성을 지닌 인간의 특성이며 법 또한 이와 동일한 특성을 가지고 있다. 그러므로 올바른 이성은 정의로운 법과 아무런 차이가 없다.

2

무엇이라도 공공의 이익에 도움이 될 만한 일을 했다면 그것으로 이미 충분한 보상을 받은 것이다. 항상 이 같은 마음가짐으로 선행을 계속하라.

3

내가 해야 할 일은 무엇인가? 선하게 사는 것이다. 그러기 위해서는 우주의 본성과 인간 고유의 본질에 대한 철학자의 통찰력이 필요하다.

4

애초에 연극은 사람들에게 이 세상에서 일어나는 비극적인 사건들을 상기시키기 위한 수단으로 공연되었다. 연극은 이 같은 비극이 자연의 섭리에 따른 필연적인 사건임을 일깨워 주었다. 그러니 무대 위에서 공연되어 즐거움을 주었던 비

극적인 사건이 인생이라는 보다 넓은 무대에서 실제로 일어
난다 하더라도 괴로워하지 말라. 피할 수 없는 비극이 일어
나도 인간은 자신의 운명을 잘 헤쳐나가고 있음을 연극은
보여주었다. 태어나자마자 자신이 버려진 산의 이름을 부르
며 "오, 키타이론이여!" 라고 울부짖었던 오이디푸스왕도 자
신의 운명을 참고 견뎌냈다.

에우리피데스는 자신의 비극에서 이렇게 말했다.

"이 세상에서 일어나는 일에 대해 너무 슬퍼하거나 괴로
워하지 말라."

"벼가 익으면 거두어들이듯 우리의 삶도 거두어들여야
한다."

비극이 풍미하던 시대가 지나가자 고대 희극이 등장했다.
희극은 자유분방하고 솔직한 표현으로 사람들을 오만에 빠
지지 않도록 일깨워 주었다. 디오게네스도 희극의 이런 솔
직함을 모방했다. 그 후에 나온 중기 희극과 후기 희극에
대해서는 그것이 어떤 것이며 어떤 목적으로 공연되었는가
를 살펴 보라. 이들 희극은 점차 단순한 기교적인 모방으로
타락하고 말았다. 물론 이들 작가들도 좋은 말을 남기기는
했다. 이 같은 시와 연극은 어떤 효과를 노린 것이었을까?

5

철학을 하기에 지금 내가 처한 상황보다 더 적절한 조건은
없다.

6

절단한 나뭇가지는 그 줄기에서뿐만 아니라 나무 전체에서
떨어져 나가는 것처럼, 사람도 누구 하나와 멀어지면 사회
전체와 멀어지게 된다.

　나뭇가지는 자신이 아닌 다른 힘에 의해 억지로 잘리지
만, 사람은 이웃에 대한 증오나 배신 등 자신의 행위로 인
해 사회로부터 격리된다. 그런데도 사람들은 자신의 행위
때문에 사회로부터 격리된다는 사실을 깨닫지 못한다. 그러
나 인간에게는 신으로부터 받은 특권이 있어, 이웃과 협력
하여 전체의 완성에 도움이 되는 일부분으로 다시 돌아갈
수 있다.

　그러나 이 같은 격리가 자주 되풀이되면 떨어져 나간 부
분이 재결합하여 원래 상태로 돌아가기가 점점 더 힘들어진
다. 처음부터 나무와 함께 성장한 나뭇가지와 한번 절단된
후 다시 접목된 가지가 똑같을 수는 없다. 정원사의 말대로

접목시킨 가지는 나무와 함께 여생을 보내기는 하지만 나무와 한마음이 되지 못하거니와, 인간도 이와 마찬가지이다.

7

올바른 이성에 따라 행동하는 한, 사람들의 방해가 아무리 심하더라도 그들은 결코 나를 빗나가게 하지 못한다. 그러니 그들에 대해 관대한 마음을 잃지 않아야 한다. 굳은 결심과 행동을 고수하며, 나를 방해하고 괴롭히는 사람들에게도 항상 부드러운 태도를 가져야 한다.

그들 때문에 괴로워하는 것은 두려워한다는 증거이며, 내가 가야할 길에서 물러서는 것은 굴복한다는 증거이다. 양쪽 모두 나의 의무를 포기하는 행위로써, 전자는 나와 동류인 사람들에게서 등을 돌리려는 것이며 후자는 용기가 없는 것이다.

8

인위적인 것이 아무리 뛰어나다 하더라도 자연이 만든 것을 결코 넘어서지 못한다. 인간의 기술은 자연의 모방에 지나지 않기 때문이다. 자연은 그 무엇보다 월등하며 모든 것을 포괄하므로 인간의 기술에 뒤떨어질 수 없다. 자연이 그러하듯 모든 기술은 우월한 것을 위해 열등한 것을 만들어 내는 법.

자연의 본성에서 정의의 근원을 찾을 수 있으며, 모든 미덕은 정의를 토대로 하여 존재한다. 하찮은 것들에 마음을 빼앗기거나 쉽사리 변덕을 부리고, 속임을 당하거나 경솔하면 진정한 정의는 실현될 수 없는 것이다.

9

내게 다가오지는 않으면서, 그것을 추구하거나 회피하는 것으로 인해 마음이 혼란스러워지는 것이 있으면 스스로 그것을 찾아 나설 일이다. 그리고 그것에 대해 일체의 판단을 삼가면 그것 또한 조용히 머물러 있을 것이다. 나 또한 그것을 추구하거나 기피하는 것으로 보이지 않을 것이다.

10

어떤 대상을 무리하게 추구하거나 피하기 위해 너무 안으로 위축되지 말 것이며, 흩어지거나 가라앉지도 말자. 그럴 때 나의 영혼은 완벽한 원형을 이루어 만물과 나의 참모습을 밝히는 빛으로 빛난다.

11

누군가가 나를 경멸하더라도 상관하지 말라. 내가 할 일은 단지 다른 사람들의 비웃음을 살 만한 행동이나 말을 하지 않도록 주의하는 것이다.

누군가가 나를 미워한다고 해도 그것은 그의 문제이다. 내가 할 일은 모든 사람에게 온화하고 관대하게 대하고 그들의 잘못을 일깨워 주는 것이다. 그러나 이때 결코 상대방을 비난하거나 나의 인내심을 자랑하는 듯한 태도를 보이지 말고 솔직하고 상냥하게 해야 한다.

그것이 인간이 지녀야 할 바른 정신이다. 어떤 일을 당해도 불평하거나 화를 내는 모습을 신께 보여서는 안 된다. 나의 본성에 따르며 자연이 부여하신 일을 받아들여 매 순간 공익을 위해 일한다면 그것이 어떻게 내게 화가 되겠는가?

12

사람들은 서로 경멸하면서도 서로 아첨한다. 또한 서로 뛰어나 보이려고 노력하면서 서로 겸양의 덕을 보이기도 한다.

13

"이제부터 당신에게 솔직하게 대하기로 결심했소" 따위의
말은 굳이 할 필요가 없는 것. 설명할 필요 없이 행동으로
저절로 나타나기 때문이다. 좋아하는 사람은 눈만 보면 알
수 있듯, 인간의 마음가짐은 눈으로 나타난다. 진실되고 선
한 것은 강한 향내를 풍기므로 그것에 가까이 다가간 사람
은 싫든 좋든 그 향기를 맡게 된다. 그러나 가장된 솔직함
은 숨겨진 칼과 같다. 무엇보다 거짓 우정을 피해야 한다.
착하고 소박하고 관대한 사람은 저절로 그 본성이 드러나게
마련이어서 누구나 한눈에 알아볼 수 있다.

14

나의 영혼이 선악과 상관없는 외적인 것에 관심을 가지지만
않는다면 나는 아주 훌륭한 삶을 살 수 있다. 그러려면 먼
저 사물을 구성하는 원소와 사물 자체를 관찰해야 한다. 어
떤 사물도 그것에 대한 나의 판단에 책임이 없다. 그것들은
내게 다가오지 않고 그저 그곳에 머물러 있을 뿐이다. 사물
들에 대해 어떤 판단을 내리고 그것을 마음에 새겨두는 것
은 바로 나 자신이다. 그러나 내게는 아무런 판단도 하지

않을 수 있고 이미 마음에 새겨둔 것이라도 다시 지울 수 있는 능력이 있다.

하지만 나에게는 이 같은 일에 관심을 쏟을 만큼 넉넉한 시간이 없다. 죽음이 시시각각 다가오고 있지 않는가. 그러므로 모든 일이 나의 뜻대로 되지 않는다고 해서 불평하지 말자. 자연에 따르는 것이라면 무엇이든 기꺼이 받아들이자. 만약 그렇지 않다면 나의 본성이 요구하는 것이 무엇인지 파악한 다음 그것을 향해 최선의 길로 나아갈 일이다. 설사 그것이 내게 명성을 가져다주지 않는다 하더라도 누구나 자신만의 선을 추구할 권리가 있는 것이다.

15

만약 누군가로 인해 화가 날 때에는 이렇게 하라.

첫째, 인간은 서로 도움을 주도록 만들어졌다는 것을 기억하라. 수소가 소떼를 이끌듯 나 또한 남들을 도와주기 위해 태어났을 수도 있다. 우주의 법칙을 생각하라. 이 세상이 단순한 원자의 집합체가 아니라면 만물을 지배하는 것은 자연이다. 자연은 강자를 위해 약자를 만들었으며 강자끼리는 서로 도우며 살아가도록 만들었다.

둘째, 항상 다른 사람들에 대해 생각하라. 그들을 지배하는 사고방식은 무엇이며 어떤 생각으로 그와 같은 행동을 하였는가를 생각하라.

셋째, 만약 그들의 행동이 옳다면 화를 낼 이유가 없으며, 옳지 않다면 그것은 고의가 아니라 무지로 인한 것이라는 것을 깨달아야 한다. 그들은 상대에 따라 적절한 행동을 하는 능력을 자신도 모르게 상실하고 만 것이다. 그리하여 그들은 남에게서 부정하다든지, 배은망덕하다든지, 비굴하다는 비난을 듣게 되면 상처를 입는다.

넷째, 나 자신도 다른 사람들과 마찬가지로 수없이 잘못을 저질렀지 않은가? 가령 실제로 잘못을 저지르지는 않았다 하더라도 그것은 남의 이목 때문이거나 명성에 흠이 갈까 두려워 못한 것일 뿐, 아직도 잘못을 저지를 여지는 그대로 남아 있는 것이다.

다섯째, 정말로 그들이 잘못했는지는 나도 잘 모르는 일이다. 행동과 동기가 항상 일치하는 것은 아니기 때문이다. 다른 사람의 행동에 대해 판단하려면 그에 대해 많은 것을 알아야만 한다.

여섯째, 몹시 화가 나서 참을 수 없을 지경이면 인생이란 순간에 불과한 것임을 상기하자. 우리는 모두 머지 않아 땅에 묻히고 말 존재들이다.

일곱째, 내가 괴로워하는 것은 그들의 행동, 그 자체가 아니라 그것에 대해 내가 가지고 있는 관념 때문이다. 그러므로 그 같은 생각을 스스로 거두면 분노는 곧 가라앉는다. 악이 부끄럽지 않다고 생각했다면 나 또한 많은 잘못을 저질렀을 것임을 명심하자. 그러면 그들의 행동에 대해 판단하지 않게 될 것이다.

여덟째, 내가 견디기 어려운 것은 나를 화나게 만든 그들의 행동 그 자체보다는 그것으로 야기된 나의 분노와 괴로움이다.

아홉째, 거짓 미소나 연기가 아닌, 마음에서 우러나오는 친절은 무엇으로도 무너뜨릴 수 없음을 명심하라. 아무리 난폭한 사람이라도 변함없이 친절하게 대하면서 기회가 올 때마다 다정하게 타이르라. 상대방이 악의를 드러내면 "우리는 이러기 위해 태어난 것이 아니지 않소? 당신이 무슨 짓을 해도 난 아무런 해도 입지 않소. 당신은 그저 스스로를 해칠 뿐이오." 라고 조용히 말하라. 알기 쉬운 말로 설명해 주고, 꿀벌같이 집단생활을 하는 본성을 가진 곤충들도 그런 짓은 하지 않는다는 것을 지적해 주되 비웃거나 책망하지 말고 진지하고 다정하게 말해야 한다. 또한 훈계하는 식이거나 동석한 사람들의 칭찬을 의식하는 태도를 취하지 말고, 다른 사람이 있을 때라도 단 둘이 있을 때처럼 말하라.

이상의 아홉 가지 원칙을 뮤즈의 선물로 생각하고 늘 기억하자. 살아 있는 동안 참된 인간이 되기 위해 부단히 노력해야 한다. 다른 사람에 대해 화내지 말고 아첨하지 말지니, 둘 다 비사회적인 태도로 결국은 화를 부르게 된다. 화가 많이 났을 때에는 감정을 누르는 것이 인간다운 태도다. 온화하고 관대한 태도야말로 인간의 본성에 어울리며 보다 인간다운 것이다. 이런 성품을 가진 사람은 힘과 용기가 있으나 불평하고 화를 잘 내는 사람은 그렇지 못하다. 분노는 고통과 마찬가지로 무력함의 증거이다. 괴로워하거나 화를 내는 사람은 상처 입은 자로서 스스로 굴복했음을 인정하는 것이다.

원한다면 뮤즈의 스승인 아폴로 신이 주시는 열번째 선물도 있다. 바로 '나쁜 사람이 죄를 짓지 않기를 기대하는 것은 어리석은 생각'이라는 것이다. 불가능한 일을 바라지 말라. 그리고 사람들이 다른 이에게 잘못을 저지르는 것은

방관하면서 나만은 해를 입지 않겠다는 것은 이치에 맞지
않는 독단적인 생각이다.

16

이성이 정상을 벗어나는 네 가지의 주요 이탈 현상에 대해
철저하게 조심하고 경계해야 한다. 불필요한 생각, 사회적
단결을 파괴할 수 있는 사고, 그리고 진정으로 마음에서 우
러나오지 않는 말을 하는 것이 그것이다. 네 번째는 스스로
를 비난하게 되는 경우이다. 그것은 자신의 이성이 보다 비
천하고 부패되기 쉬운 육체와 그 육체의 탐욕에 굴복했다는
증거이기 때문이다.

17

내 안에 흩어져 있는 공기와 불의 성질을 가진 원소들은 본
래 위로 상승하려는 경향이 있지만, 자연의 섭리에 순응하
여 내 몸 속에 갇혀 있다. 그리고 내 안에 있는 흙의 원소
와 물의 원소도 가라앉는 성질을 가졌지만 자연의 섭리에
순응하여 타고난 성질에 맞지 않는 자리를 차지하고 있다.
이렇듯 내 몸 속의 원소들조차 자연의 법칙에 순응하여 일

단 자리가 정해지면 다시 분해의 신호를 울릴 때까지 그 자리를 이탈하지 않는다.

그렇다면 오직 나의 이성만이 반항하고 자신의 위치에 불만을 표시하는 것은 이상하지 않는가? 게다가 그 무엇도 이성을 강제하지 않으며 오히려 그 본성에 일치하는 일만 일어나는데도 이성은 여전히 순응하지 않고 반대 방향으로만 달아나려고 한다. 부정, 무절제, 분노, 비탄, 공포로 향하는 것은 자연으로부터 이탈하는 행위이다. 이성이 이 세상에서 일어나는 일에 불만을 느낀다면 그것은 자기 자리를 이탈하는 것이다. 이성은 본래 신과 정의를 존중하고 경애하도록 되어 있다. 그러기 위해서는 사물의 모든 것을 기꺼이 받아들여야 하며, 이 같은 마음가짐은 정의로운 행동보다 우선되어야 한다.

18

인생의 목적이 시시각각으로 변하면 인생 또한 한결같을 수 없다. 중요한 것은 어떤 목적을 갖느냐이다.

대부분이 선이라고 생각하는 일에 대해서도 사람들은 각기 다른 의견을 내지만, 오직 공익에 대해서만은 한결같은 의견을 가지고 있다. 그러므로 인생의 목적은 사회의 이익에 공헌하는 것이어야 한다. 이 같은 목적을 위해 나의 모든 노력을 경주하면 행동이 한결같으며 따라서 나 자신 또한 한결같다.

19

시골에 사는 쥐가 서울에 사는 쥐를 찾아왔다. 서울 쥐는 시골 쥐를 보고 얼마나 놀라고, 또 경계할 것인가.

20

소크라테스는 대중의 생각을 라미아라고 불렀다. 라미아는 사람의 피를 빨아먹는 괴물이다.

21

스파르타 사람들은 공식 행사 때 외국 손님의 자리를 그늘에 마련하고 자신들은 아무 곳에나 앉았다.

22

마케도니아 왕 페르디카스의 초대를 받은 소크라테스는 가장 비참한 최후를 맞이하고 싶지 않다며 이를 거절했다. 은혜를 입고 보답하지 못할 바에야 그 은혜를 받지 않겠다는 뜻이다.

23

에페소스 사람들이 남긴 책에는 덕을 실천한 선인 중 한 분을 항상 생각하라는 교훈이 실려 있다.

24

피타고라스 학파에서는 아침에 일어나면 하늘을 보라고 하였다. 한결같은 모습과 한결같은 방식으로 할 일을 하는 천체를 생각하고 그 순수와 질서와 솔직함을 기억하라는 뜻이다. 별은 아무 것도 감추지 않는다.

25

소크라테스는 화가 난 아내 크산티페가 겉옷을 가지고 나가 버리자 속옷에 양가죽을 걸치고 외출했다 한다. 그런 그의 모습을 상상해 보라. 그리고 그 모습에 당황하고 창피해 하며 피하려던 친구들에게 그가 했을 말을 생각해 보라. 그는 얼마나 태연했던가.

26

읽고 쓰는 것은 우선 자신이 배워야 가르칠 수 있다. 인생도 마찬가지다.

27

천성적으로 노예 근성이 있는 사람에게는 이성이 없다.

— 출전 미상

28

그리고 내 마음은 내 안에서 웃고 있었다.

— 호메로스 『오딧세이』

29

그들은 가혹한 말로 덕을 저주하게 되리라.

— 헤시오도스 『일과 나날』

30

겨울에 무화과 열매를 찾는 사람은 미친 사람이다. 아이를 낳을 수 있는 나이가 지났는데도 아이를 바란다면 그 역시 미친 사람이다.

— 에픽테토스 『어록』

31

에픽테토스는 어린애와 입을 맞추면서 "어쩌면 넌 내일 죽을지도 모른다." 라고 속삭이라고 했다. 어째서 그렇게 불길한 말을 했을까? 다시 에픽테토스는 말했다. "자연의 섭리를 그대로 일러준 것일 뿐, 그렇다면 벼이삭이 익었으니 거두란 말도 불길하단 말인가?"

32

덜 익은 포도, 무르익은 포도, 건포도 이와 같이 모든 것은 끊임없이 변화한다. 그러나 무(無)로 변해 없어지는 변화가 아니라 이제까지와는 다른 새로운 것으로 변화하는 것이다.

— 에픽테토스 『어록』

33

아무도 내게서 자유의지를 빼앗지 못한다.

— 에픽테토스 『어록』

34

무엇인가를 동의하는 데는 원칙이 있어야 한다. 충동에 사로잡히지 말 것이며, 상황을 고려하여야 하고, 모두에게 이로워야 하며 대상의 가치에 따라 달라져야 한다. 육체의 욕망 또한 최대한 억제해야 한다.

— 에픽테토스 『어록』

35

소크라테스는 늘 이런 대화를 했다.

"그대는 무엇을 원하는가? 이성적인 인간의 영혼인가, 그렇지 않은 인간의 영혼인가?"

"이성적인 인간의 영혼입니다."

"이성적인 인간 중 어떤 인간인가? 건전한 인간인가, 병든 인간인가?"

"건전한 인간입니다."

"그렇다면 그대는 왜 그러한 인간이 되려 하지 않는가?"
"이미 그러한 인간이기 때문입니다."
"그렇다면 어째서 싸우고 말다툼을 하는가?"

12장

1

과거를 돌아보지 말고 미래는 자연의 섭리에 맡긴 채 오직 경건하고 정의롭게 현재에 충실하라. 나 스스로 거부하지만 않는다면 원하는 것을 모두 얻을 수 있다.

'경건' 하다는 것은 주어진 운명에 만족하고 순응하는 것이다. 자연이 나의 운명을 정하고 나 또한 운명을 위해 만들어졌기 때문이다. '정의롭다' 고 하는 것은 자유롭게 숨김 없이 진리를 말하며 법을 준수하고 사람들의 권리를 존중하는 것이다.

사악하고 무지한 사람들, 또 그들의 악평에 동요되거나 나를 둘러싸고 있는 보잘것없는 육체의 욕망에 얽매이지 않아야 한다. 이것들은 허점이 드러나기만을 기다리고 있다. 그리하여 죽음의 순간이 언제 닥치든 나의 이성과 마음속의 신성만을 존중하며 그 밖의 것들은 모두 무시할 일이다.

죽음을 두려워하는 이유가 언젠가 죽어야 한다는 사실 때문이 아니라 아직도 자연에 순응하는 생활을 시작하지 못했기 때문이라면, 나는 나를 창조하신 우주에 합당한 인간이 될 수 있으며 조국에 대해서도 이방인이 되지 않을 것이다. 또한 매일 일어나는 사건에 대해 뜻밖의 일이 일어난 것처럼 당황하여 이 사람 저 사람에게 의지하려 들지도 않을 것이다.

2

신이 인간의 가치를 판단할 때는 물질적인 외양이나 불순물을 모두 벗겨내고 그 마음을 살핀다. 신의 이성과 접촉할 수 있는 것은 오직 그에게서 나와 인간의 육신 속으로 흘러 들어간 인간의 이성뿐이기 때문이다.

그러므로 신과 같이 육체를 무시할 수만 있다면 나 또한 허다한 번뇌로부터 벗어날 수 있다. 빈 껍데기에 불과한 육체를 무시하는 사람은 의복, 집, 명성, 그 밖의 외부적인 겉치레로 고민하지 않는다.

3

인간은 육체와 호흡과 이성으로 이루어져 있다. 육체와 호흡은 나의 보살핌을 필요로 하는 동안에만 내게 속할 뿐이며, 나의 본질적 소유물은 이성뿐이다.

이성은 내게 주어진 모든 운명적인 사물로부터 초연하여 올바른 길로 나아가 이 세상에서 일어나는 모든 일을 받아들이고 오직 진실만을 말해야 한다. 그러기 위해서는 다른 사람들의 언행, 과거의 나의 언행, 미래에 대한 불안, 내 의사와는 관계없이 내게 붙어 있는 육체와 호흡, 나를 혼란시키는 모든 것들을 나 자신, 즉 나의 이성으로부터 분리시켜야 한다.

이성으로부터 모든 감각적 부속물과 과거와 미래의 일을 떼어내어 엠페도클레스가 말했던 대로 '완전한 원형'이 될 수 있다면, 그리하여 오로지 현재의 삶에 충실할 수 있다면, 나는 임종의 시각까지 모든 고뇌에서 벗어나 내 안에 있는 신에게 순종하며 고귀하게 살게 될 것이다.

4

누구보다 자기 자신을 사랑하는 인간이 어찌하여 스스로에 대해서는 자신의 의견보다 남의 의견을 더 존중하는 걸까?

만약 신 혹은 훌륭한 스승께서 내게 이제부터 떠오르자마자 표현할 수 없는 것은 생각도 계획도 하지 말라고 명령한다면 나는 아마 단 하루도 견딜 수 없을 것이다. 그런데도 남이 나를 어떻게 생각하는지가 나 자신의 생각보다 더 중요하단 말인가?

5

인간을 위해 모든 것을 그토록 훌륭하고 자비롭게 만들어 놓으신 신이 어찌하여 선행과 봉사로 신을 섬기는 선한 사람들까지 한번 죽으면 다시 태어나지 못하고 소멸되게 하셨을까. 만일 그것이 인간의 운명이라면, 그것만이 올바르고 자연의 섭리에 따르는 길이기 때문이다. 신께서 보시기에 그것 이외에 다른 방법이 없었음을 믿어야 한다.

신에 대해 잘잘못을 따지는 것은 더없이 어리석은 짓이다. 만약 신이 가장 탁월하고 정의로운 존재가 아니라면 신에 대해 책임을 추궁할 필요도 없다. 그러나 신이 가장 탁월하고 올바르다면 우주의 질서를 세울 때 부당하거나 불합리한 일은 결코 하셨을 리가 없다.

6

아무리 성공할 가망이 없는 일이라도 연습을 게을리 하지 말라. 왼손도 말고삐만은 오른손보다 더 단단히 붙잡지 않는가? 연습 부족으로 다른 일은 모두 오른손보다 못하지만, 그 일만은 부단히 연습한 결과이다.

7

죽음이 다가왔을 때 나의 육체와 정신은 어떤 모습일까? 덧없는 인생, 과거와 미래라는 시간의 심연, 취약하기 그지없는 물질이라니…….

8

사물의 껍데기를 벗겨내고 그 본질을 바라보라. 행동의 목적은 무엇일까? 고통, 쾌락, 죽음, 명성의 본질은 무엇일까? 인간의 불안은 스스로 만든 것으로 타인에 의한 것이 아니라 다른 모든 것들처럼 스스로의 판단에서 오는 것이다.

9

원리를 실천에 옮길 때에는 검투사가 아니라 레슬링 선수가 되어야 한다. 검투사는 손에 쥔 칼을 떨어뜨리면 다시 집어들어야 하지만, 레슬링 선수는 손만 사용할 수 있으면 다른 것은 필요하지 않기 때문이다.

10

사물의 구성을 늘 질료, 형상, 목적으로 구분하여 생각하라.

11

신이 허용한 일만을 하며 신이 부여하신 것만을 받아들이는 인간의 능력은 얼마나 고귀한가?

12

자연의 섭리에 따라 일어나는 일에 대해서는 신도 인간도 비난하지 말아야 한다. 신은 의식적이든 무의식적이든 결코 실수하지 않으며, 인간은 의식적으로는 잘못하지 않기 때문이다. 그러니 누구도 비난하지 말아야 한다.

13

살아가는 동안 일어나는 일에 대해 일일이 깜짝깜짝 놀라는 것은 얼마나 우습고 어리석은가.

14

우주는 거역할 수 없는 운명에 의해 지배되거나, 자비로운 신의 섭리에 의해 지배되거나, 아니면 목적도 없고 방향도 없는 혼란일 뿐이다. 거역할 수 없는 운명이 있을 뿐이라면 어리석게 저항할 이유가 없을 것이고, 섭리가 지배한다면 신의 뜻에 따르면서 도움을 받으면 될 것이다. 그리고 혼란 뿐이라 하더라도 자신 안에 있는 이성을 믿고 걱정하지 말라. 폭풍우가 덮쳐와 육체와 생명을 휩쓸고 가더라도 이성까지는 어쩌지 못할 테니.

15

등불은 꺼질 때까지 광채를 잃지 않는다. 그런데 진실, 정의, 지혜라는 마음의 등불은 죽음이 오기도 전에 사라지려하고 있다.

16

누군가의 행동이 잘못되었다고 생각될 때는 자신이 무슨 근거로 그렇게 판단하는지 따져 보라. 설사 그가 잘못을 저질렀다 하더라도 그는 이미 스스로를 충분히 벌했을지도 모른다.

악한 사람이 절대로 죄를 짓지 않기를 바라는 것은 무화과나무가 열매를 맺고, 갓난아이가 울음을 터뜨리고, 말이 울부짖는 등 필연적인 일이 일어나지 못하게 막는 것과 같다. 악한 사람은 악을 짓게 되어 있다. 그것에 화가 난다면 자신의 성격부터 고쳐야 할 일.

17

옳은 일이 아니면 행하지 말고, 진실이 아니면 말하지 말며, 순간의 충동은 자제하라.

18

감정을 일으키고 꼭두각시 인형처럼 나를 조정하는 본능보다 더 고귀하고 훌륭한 그 무엇이 내 마음속에 있다는 것을 깨달아야 할 순간이 왔다. 그것이 바로 이성이다. 그런데 지금 이 순간 나의 이성을 흐리게 하는 것이 무엇일까? 두려움, 의심, 욕망?

19

무슨 일이든 아무 목적 없이 경솔하게 행하지 말라. 그리고 모두에게 이로운 것이 아니라면 하려고도 들지 말라.

20

모든 것은 생각에 불과하다. 생각은 마음먹은 대로 바꿀 수도 있고, 원한다면 아예 떨쳐 버릴 수도 있다. 그러면 안전한 곳에 정박한 선원처럼 마음이 평온하고 안정될 것이다.

21

어떤 행동이든 적당한 때에 중단하면 해가 되지 않는다. 그 일을 하던 당사자도 그것으로 인해 해를 입지 않는다.

이와 마찬가지로 내 모든 행동이 모여 이루어진 내 삶이 적절한 때에 끝난다면 그 삶에 아무런 해가 되지 않을 뿐더러 이 연속되는 행동을 적당한 때에 마감한 나 또한 해를 입지 않는다. 그러나 적당한 때와 한계는 자연이 결정하는 것. 대부분의 죽음을 결정하는 것은 자연의 섭리이다. 자연은 모든 것을 항상 새롭게 변화시키므로 우주는 언제나 싱싱하고 생동감이 넘친다. 우주의 본성에 따르는 것은 항상 좋은 것이고 적절한 것이다.

인생의 종말 또한 악이 아니다. 그것은 나의 뜻대로 되는 것도 아닐 뿐더러 사회의 이익에도 어긋나지 않으며 부끄러운 일도 아니고 악도 아니다. 오히려 죽음은 적시에 일어나 우주에 도움이 되므로 선이라 할 수 있다. 신의 뜻을 따르고 신과 동일한 목표를 지향하면 신으로부터 다시 태어나는 것이다.

22

이 세 가지는 늘 명심하라.

첫째, 경솔한 행동이나 정의가 아닌 것을 행하지 말라. 외부에서 일어나는 일은 우연이거나 섭리에 의한 것이다. 우연을 원망하거나 섭리를 탓할 수는 없다.

둘째, 모든 존재에 대해 최초의 종자에서 영혼의 탄생까지, 또 영혼의 탄생에서 이를 다시 돌려줄 때까지 그것이 무엇이며, 무엇으로 구성되어 있으며 무엇으로 소멸되는지 생각하라.

셋째, 문득 공중으로 올라가 인간사를 굽어본다고 생각해 보자. 세상이 온통 하찮은 것들로 채워져 있고 나와 같은 존재들이 무수히 있음을 깨달을 것이다. 하늘 높이 올라간 다 하더라도 보이는 것은 똑같은 것, 덧없이 짧은 생명뿐이다. 인간이 그토록 자랑하는 것이 겨우 이것이라니.

23

사물에 대해 내가 가지고 있는 모든 관념을 버리자. 그러면 마음의 평정을 얻을 것이다. 내가 그렇게 하는 것을 방해할 자 누구인가.

24

어떤 일에 화가 나는 것은 모든 일이 자연의 섭리에 따라 일어난다는 것을 잊고 있기 때문이다. 이 세상에 일어나는 모든 일은 과거에도 일어났고 지금도 도처에서 일어나고 있으며 앞으로도 영원히 계속될 것이다. 남의 잘못 또한 나와는 상관없는 일이라는 것을 기억하라.

인간과 전체 인류의 관계는 떼려 해야 뗄 수 없는 것이다. 이성을 공유하고 있기 때문이다. 또 이성은 신에게서 비롯된 것으로, 진실로 내 것은 하나도 없음을 알아야 한다. 자녀도, 육체도, 내 영혼까지도 내 것이 아니라 모두 신께서 만드신 것이다. 만물은 그저 생각에 불과한 것. 나는 다만 현재를 살아갈 뿐이며, 그러니 잃는 것도 오로지 현재뿐이다.

25

끝없는 열망을 가졌던 사람들, 그리고 찬란한 명성, 재난, 행운 때문에 특별히 눈에 띄었던 사람들을 생각하라. 이들은 지금 모두 어디에 있는가? 모두 연기로 사라지고 재로 타 버리고 그저 전설 같은 이야기만 남아있을 뿐이다. 이야기조차 남기지 못한 사람 또한 얼마나 많은가.

그토록 열렬히 추구하던 것도 보잘것없는 자만심 때문이었으며, 그토록 쫓아다녔던 것도 하찮은 것이었다. 그러니 절제와 정의를 추구하고 신께 순종하는 것이 바로 철학자의 삶이 아니겠는가. 단 소박함을 잃지 말라. 겸손을 가장한 자만심이야말로 가장 참기 어려운 것이다.

26

"신을 어디서 보았는가? 신이 존재한다는 사실을 어떻게 증명할 수 있으며, 따라서 그들을 섬겨야 한다고 어떻게 말할 수 있는가?" 라고 묻는 사람들에게 나는 이렇게 말하리라.

첫째, 나는 눈으로 신을 볼 수 있다. 밤하늘의 별이 곧 신이다.

둘째, 나는 내 영혼을 본 적이 없지만 그 능력을 느끼고 있다. 이와 마찬가지로 나는 일상생활에서 신의 능력을 끊임없이 느끼고 있으며, 이러한 체험을 통해 신의 존재를 확신하고 그를 섬긴다.

27

모든 사물의 본질을 통찰하고 마음을 다해 정의를 실천하고
진리만을 말한다면 인생은 건전하고 안전하다. 끊임없이 좋
은 일을 계속하는 것밖에 인생을 즐기는 일이 달리 있을까?

28

햇빛은 벽이나 산, 그 밖의 무수한 장애물에 가려 차단되지
만, 오직 하나이다. 실체는 각기 다른 성질을 가진 무수한
물체에 분배되지만, 공통된 실체는 오직 하나이다. 이와 마
찬가지로 영혼은 무수한 본성과 개체에 나누어져 있지만 오
직 하나이다. 사고능력을 지닌 이성 또한 하나이다.

　영혼을 제외한 다른 부분, 예를 들면 공기는 물질로서 감
각도 없고 서로 연결되어 있지 않으며 오직 중력의 힘에 의
해서만 결합되어 있다. 그러나 이성은 본성적으로 자발적으
로 동류에게 끌리게 되므로 일체를 이루려는 본능은 그 어
떤 것에 의해서도 깨지지 않는다.

29

왜 오래 살고 싶어하는가? 인생의 궁극적인 목표는 이성에

따르고 신에게 순종하는 것. 죽음이 다른 것들을 모두 빼앗아 가지나 않을까 걱정한다면, 그것은 이성과 신을 존중하는 태도가 아니다.

30

나에게 주어진 시간은 얼마나 짧은 것인가. 그것은 순식간에 영원 속에 묻혀 버리고 만다. 우주의 실체와 비교할 때 내가 가진 실체는 얼마나 작으며, 내 영혼은 또한 얼마나 초라한가? 내가 밟고 다니는 땅은 또 어떠한가?

이러한 사실을 깨닫고 자신의 본성에 따라 행동하고 자연이 주신 모든 것을 참고 견디는 것보다 훌륭한 것은 없음을 명심하라.

31

모든 것이 이성의 능력에 달려 있다. 내 의사로 할 수 있든, 그렇지 않든 그 밖의 모든 것은 생명 없는 재이며 연기일 뿐이다.

32

쾌락은 선이요 고통은 악이라고 주장했던 쾌락주의자들조차 죽음을 하찮게 여겼음을 상기하면 죽음을 받아들이기가 훨씬 쉬워질 것이다.

33

적절한 때에 일어나는 일만을 선이라고 생각하는 사람, 올바른 이성에 따르기만 했다면 성취한 일의 많고 적음은 중요하지 않다고 생각하는 사람, 이 세상에서 살아갈 날들의 길고 짧음에 상관하지 않는 사람, 이런 사람에게 죽음은 결코 두려운 것이 될 수 없다.

34

나는 이 거대한 세계에서 한 시민으로 살아왔다. 그 기간이 5년이든 100년이든 무슨 차이가 있겠는가?

이 세계의 법은 만인에게 평등하다. 나를 이 세계에서 몰아내는 것이 폭군도 아니고, 불공평한 재판관도 아니고, 나를 이곳에 보낸 자연인 바에야 불평할 일이 무엇인가? 그것은 마치 나를 고용한 연출자가 나를 다시 무대 밖으로 쫓아

내는 것과 같은 것이다. 물론 나는 그를 향해 '5막짜리 연극에서 이제 막 3막만을 마쳤을 뿐'이라고 항변할 수도 있을 것이다. 하지만 인생이라는 무대에서는 3막만으로도 훌륭한 연극이 될 수 있다. 언제 그 연극을 끝낼 것인가를 결정하는 것은 나를 생성시키고 나를 소멸시키는 자연이다. 그 어느 것 하나도 내가 결정할 수 없다. 그러므로 만족한 마음으로 물러가자. 그러면 나를 물러나게 하신 자연도 만족스런 미소를 지을 것이다.